W0360011

Trouver rapidement son profil ennéagramme... et savoir qu'en faire

David Daniels • Virginia Price

Trouver rapidement son profil ennéagramme... et savoir qu'en faire

Un test, un guide et des exercices

Préface d'Helen Palmer

Traduit de l'américain par Éric Salmon

LE GRAND LIVRE DU MOIS

L'édition originale de cet ouvrage a été publiée aux États-Unis par Harper San Francisco sous le titre *The Essential Enneagram – The Definitive Personality Test and Self-Discovery Guide*.

© 2000 by David N. Daniels, M. D. and Virginia A. Price, Ph. D.

Published by arrangement with Harper San Francisco, a division of Harper Collins Publishers Inc.

Collaboration à la mise au point de l'ouvrage : Marianne Zuzula

Ce pictogramme mérite une explication. Son objet est d'alerter le lecteur sur la menace que représente pour l'avenir de l'écrit, particulièrement dans le domaine de l'édition technique et universitaire, le développement massif du **photocopillage**.

Le Code de la propriété intellectuelle du 1er juillet 1992 interdit en effet expressément la photocopie à usage collectif sans autorisation des ayants droit. Or, cette pratique s'est généralisée dans les établissements d'enseignement supérieur, provoquant une baisse brutale des achats de livres et de revues, au point que la possibilité même pour les auteurs de créer des œuvres nouvelles et de les faire éditer correctement est aujourd'hui menacée.

Nous rappelons donc que toute reproduction, partielle ou totale, de la présente publication est interdite sans autorisation du Centre français d'exploitation du droit de copie (**CFC**, 20 rue des Grands-Augustins, 75006 Paris).

DANGER

LE PHOTOCOPILLAGE TUE LE LIVRE

© Dunod, Paris, 2003
ISBN 2 7028 8391 5

Toute représentation ou reproduction intégrale ou partielle faite sans le consentement de l'auteur ou de ses ayants droit ou ayants cause est illicite selon le Code de la propriété intellectuelle (Art L 122-4) et constitue une contrefaçon réprimée par le Code pénal. • Seules sont autorisées (Art L 122-5) les copies ou reproductions strictement réservées à l'usage privé du copiste et non destinées à une utilisation collective, ainsi que les analyses et courtes citations justifiées par le caractère critique, pédagogique ou d'information de l'œuvre à laquelle elles sont incorporées, sous réserve, toutefois, du respect des dispositions des articles L 122-10 à L 122-12 du même Code, relatives à la reproduction par reprographie.

TABLE DES MATIÈRES

PRÉFACE À L'ÉDITION FRANÇAISE

Ce livre est unique pour plusieurs raisons :

✓ il est accessible à tous, tout en offrant une vue d'ensemble sur l'ennéagramme ;
✓ il est interactif ;
✓ il vous responsabilise, ne vous dit pas qui vous êtes, mais vous donne les moyens de le découvrir par vous-même, ou par vos proches ;
✓ il est rédigé par deux psychologues de réputation mondiale, reconnus par le monde de l'entreprise ;
✓ il utilise la psychométrie, ou la validation statistique de données sur le comportement.

Que vous connaissiez déjà l'ennéagramme ou pas, ce livre contribuera à améliorer votre connaissance de vous-même et des autres. Il est bâti pour durer. À la maison ou au bureau, il ne manquera pas de susciter questions et remarques. Peut-être certains lecteurs hésiteront encore sur leur « type » après l'avoir lu. Ceux-là se seront néanmoins posé un certain nombre de bonnes questions sur qui ils sont vraiment, au fond, au-delà des apparences…

L'ennéagramme est une typologie, c'est-à-dire un système d'étude de la personnalité qui part du principe que, si nous avons plusieurs facettes, l'une d'entre elles est prédominante. Cette dominante est ici appelée « type » ou « base principale ». La plupart des enseignants de l'ennéagramme procèdent par des tests ou par des entretiens pour déterminer votre type. La tradition orale a une orientation différente. Elle a pour principe de laisser chacun découvrir lui-même son type, et ce à son propre rythme. Ce livre a pour but de favoriser cette autodétermination.

Le principal avantage de cette méthode est une prise de conscience du vrai Soi, alliée à un apprentissage pédagogique du système.

Le principal inconvénient réside dans notre manque d'objectivité par rapport à nous-mêmes. Choisir soi-même son type peut être source d'erreur. C'est pourquoi les auteurs ont pris la précaution de valider leur questionnaire-test par une démarche statistique[1].

La première partie de ce livre ne se lit donc pas comme un roman mais plutôt comme le mode d'emploi d'un jeu de construction, un livre dont vous êtes le héros, une chasse au trésor. Elle est « scientifique » plus que « romancée ». C'est à la fois son défaut et sa force.

La deuxième partie, intitulée « Que faire une fois son type identifié ? » est sans prix.

De tous les livres édités à ce jour en français, en anglais et en allemand, les conseils prodigués ici sont pour moi les plus simples, les plus puissants et les plus pratiques. Merci Virginia. Merci David.

Éric SALMON
Fondateur du Centre d'Études de l'Ennéagramme (CEE)

1. La méthode utilisée est expliquée en fin d'ouvrage.

PRÉFACE D'HELEN PALMER

Cet ouvrage aborde l'étude de la personnalité de façon originale. *Comment trouver sa place dans un système riche et complexe sans forcément avoir une solide connaissance de soi ?*

Unissant leurs talents, David Daniels et Virginia Price vous facilitent la recherche de votre type dans l'ennéagramme en favorisant la voie de l'auto-identification et en vous donnant accès à nombre de clés pour votre développement personnel et spirituel.

Leur démarche propose un tour d'ensemble des différents types, un éventail de choix et les moyens de déterminer votre type. Ils vous donnent des points de repère tout au long du chemin pour éviter de vous égarer et proposent, une fois votre type découvert, des exercices pour vous aider dans votre développement personnel.

Ils sont probablement les premiers à apporter à la fois une validation scientifique et des données fiables sur l'ennéagramme. Leur méthode pour déterminer le type de personnalité dans l'ennéagramme a d'abord fait l'objet de sept ans de recherches auprès de plus de 900 anglophones[1].

Dans la première partie, David Daniels et Virginia Price vous proposent neuf descriptifs de quelques lignes, les paragraphes A à I. En fonction de votre choix, ils vous donnent la probabilité que le type sélectionné soit le bon (les probabilités

1. La version française a été mise au point, testée et validée par le Centre d'Études de l'Ennéagramme entre 1994 et 2002.

sont le meilleur instrument de mesure que la psychométrie puisse proposer). Ils vous montrent ensuite comment confirmer votre choix, ainsi que les étapes à suivre si cette vérification vous amène à penser que vous n'appartenez pas au type initialement choisi.

Une fois votre profil dans l'ennéagramme identifié, vous passez à la deuxième partie dans laquelle les auteurs vous offrent une liste d'exercices d'observation de soi et des réponses à la question : « Comment se libérer des limites que votre type vous impose ? ».

Cet ouvrage s'appuie sur le principe de la conscience de soi que j'ai longtemps défendu. En donnant une description structurée de la façon dont différents types de personnes sont organisés et motivés, ce livre est un merveilleux guide. Il explore de quelle façon vous utilisez votre attention pour percevoir le monde, comment vous vous débrouillez avec le stress et la colère, ce que vous pouvez faire pour vous développer et comment mieux accueillir l'aide des autres.

En 1988, j'ai eu le plaisir d'enseigner avec David Daniels en utilisant la méthode des panels lorsque nous avons démarré la formation professionnelle à l'ennéagramme. Au fil de nos longues années de collaboration, j'ai observé et apprécié son acuité clinique inspirée, sa chaleur, son attention et sa profonde compréhension du comportement et du développement humains. Il est peut-être l'intervenant actuel le plus respectable compte tenu de sa contribution dans le champ naissant des études sur l'ennéagramme.

Virginia Price, de la même façon, apporte précision et expertise clinique à ce travail. Pendant plus de 20 ans, elle fut pionnière et écrivit plusieurs ouvrages sur les aspects pratiques et théoriques de la modification du comportement du type de personnalité A. Ses recherches, son expérience clinique, sa compréhension des bases théoriques du fonctionnement de la personnalité, et un excellent talent d'écrivain ont servi ce champ d'étude.

La partie intitulée *Que faire une fois votre type identifié ?* prend notamment ses racines dans l'expérience clinique des auteurs.

Les moyens de transformation qu'ils présentent, ainsi que les exercices qu'ils proposent sont d'une valeur exceptionnelle.

Ce travail, longtemps attendu, est incontournable. Il aidera tous ceux qui veulent développer une communication efficace et des relations empreintes de compassion. Il leur permettra également de se libérer de leurs comportements répétitifs et, finalement, de devenir des êtres humains à part entière.

Helen PALMER
Directrice du *Center for Intuition Training*[1]
Créatrice de l'*Enneagram Professional Training Program*

1. Un centre de recherche et de développement sur l'intuition qui unit les données de la psychologie contemporaine et des exercices de méditation et de visualisation. Sur Helen Palmer, une grande figure de l'ennéagramme, voir en fin d'ouvrage la notice qui lui est consacrée.

Partie

I

PREMIÈRE ÉTAPE : DÉCOUVRIR SON TYPE

PRÉSENTATION

EN PREMIER LIEU, UNE BONNE QUESTION : QU'EST-CE QUE L'ENNÉAGRAMME ?

L'ennéagramme est un système d'étude de la personnalité. Dynamique, il décrit neuf façons, fondamentalement différentes, de penser, de sentir et d'agir.

Chacun de ces neuf types a son propre filtre de perception du monde et des choses. Ce filtre détermine notre façon de faire attention et de mobiliser notre énergie.

Chaque type propose une croyance concernant nos besoins et nos attentes de la vie.

Chacun de nous a développé un de ces neuf modèles pour protéger un aspect du Soi qui s'est senti menacé au cours du développement de notre personnalité. La découverte de notre type dans l'ennéagramme nous renseigne sur notre « vrai Moi ».

Nous pouvons alors mieux comprendre les motivations inconscientes qui sous-tendent notre comportement. Découvrir notre type dans l'ennéagramme nous incite à apporter un changement positif dans notre vie.

Cette découverte peut nous permettre d'améliorer notre relation à nous-mêmes et aux autres, et de mieux percevoir les défis qui nous attendent dans l'existence.

Ennea vient du grec, et correspond au chiffre neuf, *gramme* veut dire diagramme. Le mot ennéagramme signifie donc « figure à neuf points ». Cette figure est généralement représentée à l'intérieur d'un cercle.

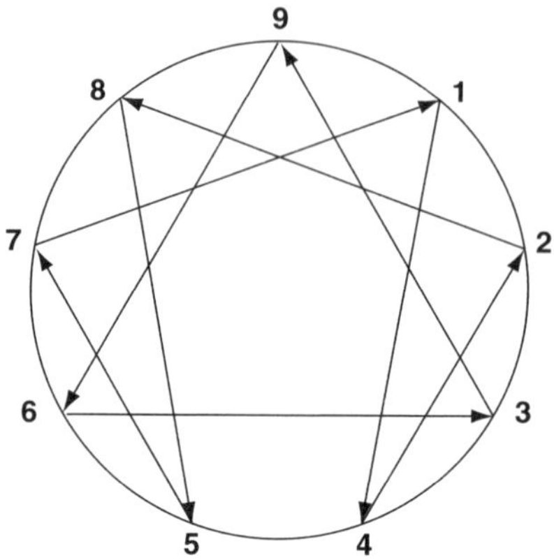

Le cercle de l'ennéagramme et les neuf points

POURQUOI CE LIVRE

Nous avons conçu cet ouvrage comme un *moyen* simple et fiable pour déterminer votre type dans l'ennéagramme. L'autre idée était de vous offrir un *guide* pour vous aider dans votre développement personnel et professionnel.

Le questionnaire-test consiste en neuf paragraphes de quelques lignes qui décrivent l'essentiel de chacun des neuf types de personnalité (les paragraphes A à I). Vous pouvez commencer par lire les neuf paragraphes et choisir les trois paragraphes qui semblent le mieux vous décrire. Ensuite, vous pouvez les lister par ordre de préférence de un à trois, en commençant par celui qui vous ressemble le plus. Cette première phase prend relativement peu de temps.

Commence alors l'aventure de la découverte de soi, qui passe par plusieurs étapes. Le livre vous guide d'abord vers les définitions de base de l'ennéagramme, la détermination de votre type de personnalité, une description de votre type, les facteurs de différenciation de types se ressemblant. Puis il vous donne les clés d'une démarche de développement personnel intelligemment comprise, harmonieuse et épanouissante, et vous propose dans cet esprit une série d'exercices à faire selon votre type.

Une des caractéristiques de cet ouvrage est le solide travail de validation dont le test a fait l'objet. En effet, sa mise au point a porté sur presque mille personnes. Les résultats de ces recherches ont prouvé le haut degré de fiabilité de ce questionnaire. Vous trouverez les détails de cette enquête en annexe à la fin de l'ouvrage.

En suivant les étapes indiquées ci-dessus, vous pourrez découvrir, confirmer, et vérifier votre type de personnalité avec un haut degré de certitude.

Gardez cependant bien à l'esprit que l'objectif de l'ennéagramme et de ce livre n'est pas de vous « faire entrer dans des cases », mais de vous aider sur la voie de la compréhension de soi et du développement personnel. Par la découverte de votre type de personnalité, vous pouvez devenir plus conscient des habitudes qui vous limitent, et vous libérer de ces automatismes.

CONSTRUCTION DE L'OUVRAGE

Il se décompose en trois temps :

1 - le test (p. 13 à 17) ;

2- le guide (p. 19 à 102) : une fois le test effectué, le guide vous permettra d'identifier votre type. Des pages appelées pages de *détermination* du type et des pages intitulées pages de *description* du type sont les deux outils qui vous serviront à découvrir et éventuellement confirmer votre type.

3- les exercices introduits par une présentation des notions de base du développement personnel (p. 103 à 153) : votre profil identifié, les exercices et les principes indiqués vous aideront à acquérir des clés de développement personnel selon votre type.

PREMIER TEMPS, LE TEST

Le test comprend neuf paragraphes : A à I. Ils décrivent neuf types de personnalité. Aucun n'est meilleur ni pire que l'autre. Chaque paragraphe représente un *simple instantané* de chacun

© DUNOD. La photocopie non autorisée est un délit.

des neuf types de l'ennéagramme. Ils ne décrivent en aucune façon la personnalité de qui que ce soit.

Lisez l'ensemble des paragraphes et choisissez-en trois : ceux qui semblent vous décrire le mieux.

Ensuite, hiérarchisez les trois paragraphes choisis en les numérotant de 1 à 3, 1 étant le paragraphe qui vous ressemble le plus et retenez-les pour l'étape suivante de reconnaissance de votre profil.

Attention : même si chacun de ces neuf paragraphes peut vous paraître vous décrire partiellement, il ne s'agit pas de panacher mais de choisir *les trois qui, dans leur ensemble, vous ressemblent le plus.* Considérez chaque paragraphe comme un tout. N'isolez pas les phrases en les sortant de leur contexte. Posez-vous les questions suivantes : « Est-ce que ce paragraphe dans sa totalité me ressemble ? Est-ce que je le retiens comme me décrivant ? »

S'il vous est difficile de choisir quel paragraphe vous correspond le plus, demandez-vous : « Quel paragraphe choisirait un proche (parent, conjoint, ami) pour me décrire ? »

Notez par ailleurs qu'un autre moyen d'y parvenir est de vous demander lequel de ces paragraphes vous aurait le mieux défini vers 25 ans, les traits de la personnalité étant généralement fortement marqués au début de l'âge adulte.

TEST

A

J'approche les situations, surtout celles qui me tiennent à cœur, de façon entière : tout ou rien. J'attache de la valeur à être quelqu'un de fort, de juste et sur qui on peut compter. Quand on me rencontre, pas d'embrouille, je suis ce dont j'ai l'air. Je ne fais pas confiance aux autres avant qu'ils n'aient montré qu'ils étaient fiables. J'aime que les gens soient directs avec moi, et je sais quand quelqu'un cache son jeu, ment ou essaye de m'avoir. J'ai du mal à tolérer la faiblesse chez les autres, sauf si j'en comprends la raison ou si je constate qu'ils essaient de s'améliorer sur ce plan. J'ai aussi du mal à recevoir des ordres, surtout si je ne respecte pas l'autorité en place ou si je ne suis pas d'accord avec elle. Je préfère nettement prendre les choses en main. Je trouve difficile de ne pas montrer mes sentiments quand je suis en colère. Je suis toujours prêt à défendre mes amis et mes proches, surtout si je considère qu'ils sont traités injustement. Je ne gagne pas toujours les batailles que j'entreprends mais, en général, les autres se souviennent longtemps de leur rencontre avec moi.

Est-ce que ce paragraphe A dans sa totalité me ressemble ?
Est-ce que je le retiens comme me décrivant ?

B

J'ai la correction en haute estime, et j'essaie de vivre selon mes principes. Je vois facilement ce qui ne va pas et comment les choses pourraient être améliorées. Les autres me considèrent probablement comme trop critique ou en quête

Est-ce que ce paragraphe B dans sa totalité me ressemble ?
Est-ce que je le retiens comme me décrivant ? ☞

de perfection, mais il m'est difficile de rester indifférent ou d'accepter que les choses ne soient pas comme elles devraient être. Quand je suis responsable de quelque chose, on peut être sûr que je le ferai convenablement, et j'en suis fier. J'éprouve parfois du ressentiment quand les gens n'essaient pas de faire leur travail correctement ou se comportent de manière irresponsable, même si je m'efforce de ne pas le leur montrer ouvertement. Pour moi, le travail passe généralement avant le plaisir et je peux faire taire mes désirs en conséquence, afin que le travail soit fait, et bien fait.

C

J'ai l'impression d'être capable de distinguer l'ensemble des points de vue assez facilement. Je peux même parfois donner l'impression d'être indécis, parce que je peux discerner les avantages et les inconvénients de tous les points de vue. Ma facilité à appréhender toutes les opinions me rend bon à aider les autres à résoudre leurs différends. Cette capacité peut m'amener à être davantage conscient des positions des autres et de leurs priorités que des miennes. Il m'arrive d'être distrait et de dévier de la tâche que j'accomplissais. Quand ça arrive, mon attention s'échappe généralement vers des tâches sans importance. J'ai souvent du mal à savoir ce qui est réellement important pour moi, et j'évite le conflit en agissant selon le désir des autres. On me considère en général comme facile à vivre, agréable et conciliant. Il en faut beaucoup pour m'amener au point de me mettre ouvertement en colère. J'aime que la vie soit confortable, harmonieuse et que les autres m'accueillent.

Est-ce que ce paragraphe C dans sa totalité me ressemble ?
Est-ce que je le retiens comme me décrivant ?

D

Je suis très sensible aux sentiments des autres. Je peux voir ce dont ils ont besoin même quand je ne les connais pas. C'est parfois frustrant d'être autant conscient des besoins des autres, surtout de leur douleur ou de leur malheur, parce que je ne peux pas faire pour eux autant que je le voudrais. Il m'est facile de donner de ma personne. J'aurais

Est-ce que ce paragraphe D dans sa totalité me ressemble ?
Est-ce que je le retiens comme me décrivant ?

☞

parfois envie d'être capable de dire « non » plus facilement, parce que je finis par mettre plus d'énergie à m'occuper des autres que je n'en mets à m'occuper de moi-même. J'ai de la peine quand les gens s'imaginent que j'essaie de les manipuler ou de les contrôler, alors que tout ce que j'essaie de faire, c'est de les comprendre et de les aider. J'aime être considéré comme quelqu'un de bon et de chaleureux, mais quand je ne suis pas reconnu ou apprécié, je peux être très affecté émotionnellement. De bons rapports humains sont importants pour moi, et je suis prêt à me donner du mal pour qu'ils existent. Je n'aime pas la solitude et, même dans ce cas, je vais probablement penser aux autres.

E

Je suis fortement motivé par le fait d'être le meilleur dans ce que je fais et, au fil des ans, mes réalisations m'ont valu une certaine estime. Je suis très actif et je réussis pratiquement tout ce que j'entreprends. Je m'identifie à ce que je fais, parce que je pense que la valeur de chacun dépend de ce qu'il accomplit et de l'approbation qui en résulte.

Est-ce que ce paragraphe E dans sa totalité me ressemble ? Est-ce que je le retiens comme me décrivant ?

J'ai toujours plus de choses à faire que mon emploi du temps ne peut en contenir, donc je laisse de côté les sentiments pour me concentrer sur les objectifs. Parce qu'il y a toujours quelque chose à faire, je trouve difficile de prendre le temps de m'asseoir et de me détendre. Je suis contrarié quand les gens ne savent pas profiter du temps que je leur accorde. Il m'arrive d'avoir envie de prendre en main le projet que quelqu'un assume trop lentement à mon goût. J'aime la sensation - et donner l'impression- de pouvoir gérer n'importe quelle situation. J'aime bien la compétition individuelle, mais je suis également un bon joueur d'équipe.

F

Je me définirais comme quelqu'un de calme et d'analytique, qui a besoin de plus de solitude que la plupart des gens. Je préfère généralement observer ce qui se passe plutôt que d'y participer. Je n'aime pas que l'on attende beaucoup de moi

Est-ce que ce paragraphe F dans sa totalité me ressemble ? Est-ce que je le retiens comme me décrivant ? ☞

© DUNOD. La photocopie non autorisée est un délit.

ou que l'on espère que je connaisse et que je parle beaucoup de mes sentiments. Je parviens mieux à contacter mes émotions quand je suis seul, et je profite souvent mieux de certaines expériences vécues en me les remémorant que sur l'instant. Je ne m'ennuie jamais quand je suis seul parce que mon mental est toujours très actif. Il m'est important de protéger mon temps et mon énergie et donc de mener une vie simple, sans complication et aussi autonome que possible.

G

J'ai une imagination fertile, surtout pour ce qui touche à ce qui pourrait menacer la sécurité. En général, je peux pressentir ce qui pourrait être dangereux, et avoir aussi peur que si ça arrivait réellement. Face au danger, j'ai l'une ou l'autre de ces deux attitudes : je l'évite ou je passe mon temps à le provoquer. Mon imagination est vive et me donne un sens de l'humour assez original, souvent caustique. J'aimerais être plus confiant dans la vie, mais j'ai plutôt tendance à me méfier des gens et des choses. Je décèle facilement les failles ou les non-dits dans les arguments avancés. À cause de cette faculté à déceler les obstacles éventuels, je pense que l'on me considère comme quelqu'un d'avisé. J'ai tendance à me méfier de l'autorité et je ne me sens pas très à l'aise quand je dois endosser ce rôle. C'est probablement pourquoi j'ai tendance à m'identifier aux faibles. Une fois que je me suis engagé envers une personne ou une cause, je suis d'une loyauté à toute épreuve.

Est-ce que ce paragraphe G dans sa totalité me ressemble ?
Est-ce que je le retiens comme me décrivant ?

H

Je suis quelqu'un d'optimiste qui aime entreprendre de nouveaux projets. J'ai un esprit vif qui passe très vite d'une idée à l'autre. J'aime avoir une vue d'ensemble sur la façon dont s'enchaînent les idées et je suis particulièrement enthousiaste à l'idée de relier des concepts qui n'avaient, a priori, pas de point commun. J'aime travailler sur des choses qui m'intéressent et j'y mets beaucoup d'énergie. J'ai du mal à rester

Est-ce que ce paragraphe H dans sa totalité me ressemble ?
Est-ce que je le retiens comme me décrivant ?

☞

présent sur des tâches laborieuses et répétitives. J'aime être au démarrage d'un projet, lors de la planification, quand il y a encore différentes options à considérer. Quand j'ai épuisé mon intérêt pour quelque chose, il m'est difficile d'y demeurer parce que j'ai envie de passer à une autre qui a su capter mon attention. Quand quelque chose me déprime, je préfère tourner mes pensées vers des idées plus gaies. Je crois que les gens sont en droit de mener une vie joyeuse.

I

Je suis quelqu'un de sensible et j'ai une grande intensité de sentiments. Je me sens souvent incompris et seul parce que je me sens différent des autres. Mon comportement peut apparaître comme dramatique pour les autres, et il arrive que l'on me critique pour mon excès de sensibilité, et ma façon d'amplifier mes émotions. En fait, à l'intérieur de moi, il y a une éternelle recherche d'une relation affective à la fois profonde et émotionnellement forte. J'ai du mal à apprécier les relations au présent à cause de ma tendance à toujours vouloir ce que je n'ai pas et à dédaigner ce que j'ai. La recherche de grandes émotions a toujours existé chez moi et l'absence d'un lien émotionnel fort m'a régulièrement conduit à la mélancolie, voire à la dépression. Je me demande parfois comment font les autres pour avoir, plus que moi, une vie privée facile et joyeuse. J'ai un sens aigu de l'esthétique et je vis dans un univers riche d'émotions et de sens.

Est-ce que ce paragraphe I dans sa totalité me ressemble ?
Est-ce que je le retiens comme me décrivant ?

J'AI CHOISI

Entourez les trois paragraphes sélectionnés :

Premier choix :	A	B	C	D	E	F	G	H	I
Deuxième choix :	A	B	C	D	E	F	G	H	I
Troisième choix :	A	B	C	D	E	F	G	H	I

IMPORTANT

SOYEZ BIEN SÛR D'AVOIR EFFECTUÉ
VOS CHOIX À PARTIR DU TEST DES PAGES
PRÉCÉDENTES AVANT DE LIRE LES PAGES QUI SUIVENT.

GUIDE

Le guide présente chaque type en deux volets qui vous serviront d'outils de reconnaissance : les pages de *détermination* et les pages de *description*.

Vous allez lire ces pages en commençant par celles qui correspondent à votre premier choix, *cf.* tableau de corrélation ci-dessous. Gardez l'esprit ouvert et souple tout au long du processus de découverte. Essayez de vous prémunir de jugements prématurés. Attendez d'avoir lu toutes les pages de description de vos types possibles. Ce guide-test a beau donner de bons résultats, il ne peut garantir que vous allez sélectionner votre vrai type sans une compréhension d'ensemble du modèle. Aussi, l'intuition peut-elle s'avérer un moyen complémentaire pour discerner votre vrai type.

Confirmer votre choix passe aussi par des discussions avec vos proches et par l'observation par vous-même de vos pensées, de vos sentiments et de vos sensations. Ces moyens sont décrits plus loin à la page 101. Vous pouvez également en apprendre davantage sur votre type par des livres, sites et autres ressources sur l'ennéagramme (voir en fin d'ouvrage).

Une fois ce *travail de reconnaissance* accompli, vous pourrez alors entamer *un travail de développement personnel* et professionnel reposant sur la connaissance de votre type. À cet effet, la dernière partie de l'ouvrage vous propose un certain nombre de pratiques qui vous aideront à devenir davantage conscient du fonctionnement de votre personnalité, à poser des actes pour modifier votre comportement habituel, à programmer des progrès en développement personnel, et à vous poser des questions sur le but ultime de votre développement.

Tout d'abord, voyons la corrélation entre les lettres, les neuf types de l'ennéagramme et les pages de détermination du guide.

CORRÉLATION ENTRE LES LETTRES DU TEST ET LES NEUF TYPES DE L'ENNÉAGRAMME

Lettre du test	Type	Guide
A	Type 8	Pages de détermination : 72 et 73
B	Type 1	Pages de détermination : 30 et 31
C	Type 9	Pages de détermination : 78 et 79
D	Type 2	Pages de détermination : 36 et 37
E	Type 3	Pages de détermination : 42 et 43
F	Type 5	Pages de détermination : 54 et 55
G	Type 6	Pages de détermination : 60 et 61
H	Type 7	Pages de détermination : 66 et 67
I	Type 4	Pages de détermination : 48 et 49

Vous avez à présent complété le questionnaire et corrélé vos premier, deuxième et troisième choix de paragraphes à leurs types correspondant sur l'ennéagramme.

Vous êtes donc prêt à lire les explications des pages de détermination et des pages de description, passage essentiel dans la validation de votre type. En vue d'identifier, de confirmer, et de vérifier votre type, il est bon de connaître des rudiments de terminologie. Nous vous présenterons ensuite comment fonctionnent les pages de détermination et de description et ce qu'elles vous apportent.

Reprenons la figure de l'ennéagramme avec cette fois-ci les appellations généralement attribuées à chaque base. Rappelez-vous que toutes les bases sont sur le même pied d'égalité. Aucune n'est meilleure que l'autre.

Nous insistons également sur le fait que les dénominations ci-après sont utilisées pour des raisons pratiques ; elles servent de points de repères et ne peuvent refléter la richesse d'un type. Toute personne qui aborde l'ennéagramme doit garder en tête qu'elles sont comparables à la partie émergée de l'iceberg.

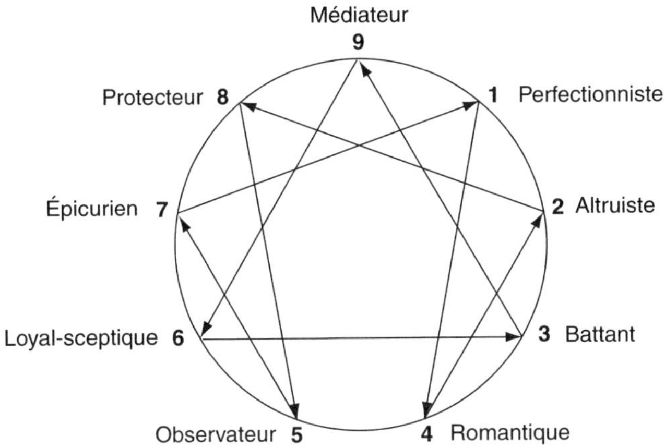

Les flèches indiquent les points de *stress* et de *sécurité* associés à chaque type de l'ennéagramme. Pour trouver la position de stress associée à un profil, suivez le sens de la flèche en partant de la base. Exemple, le 8 est la position de stress du 2. Au contraire, la position de sécurité correspond au numéro de la flèche pointée vers cette base. Par exemple, la position de sécurité du 2 est le 4.

PREMIER OUTIL : LES PAGES DE DÉTERMINATION ; À QUOI SERVENT-ELLES ?

Les pages de détermination du type vous donnent la probabilité que le paragraphe que vous avez sélectionné comme premier choix correspond bien à votre véritable type de personnalité.

Cette page vous donne également les alternatives possibles en fonction de votre premier choix. Cette information, sous forme de pourcentage, vous aidera à déterminer votre véritable type. Les probabilités figurant sur cette page ont été établies suite à de solides recherches (voir l'annexe en fin d'ouvrage sur ce point).

Présentation des pages de détermination

① TYPE 1 : LE PERFECTIONNISTE

② *DÉTERMINATION DU TYPE 1*

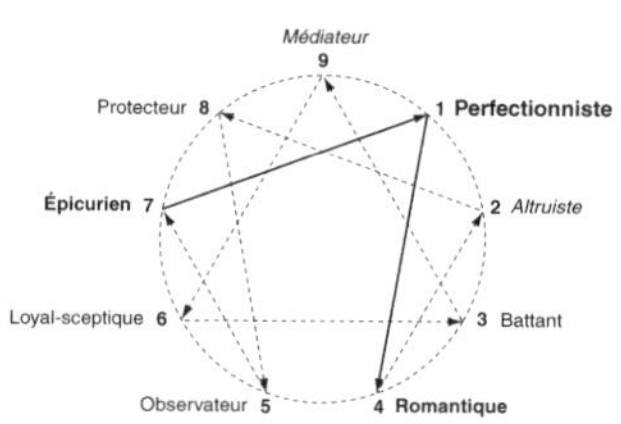

③ ***Types liés***

Aile	9 Médiateur
Aile	2 Altruiste
Position de sécurité	7 Épicurien
Position de stress	4 Romantique

④ ***Confusions possibles***

3 Battant
6 Loyal-sceptique
8 Protecteur

⑤ ***Probabilités***

Sachant que le paragraphe du perfectionniste était leur premier choix, voici la répartition réelle du type des personnes ayant fait ce choix :

66 %	1 Perfectionniste
8 %	4 Romantique
8 %	6 Loyal-sceptique
7 %	2 Altruiste
5 %	9 Médiateur

Si, en premier choix, vous avez sélectionné le paragraphe correspondant au perfectionniste, il y a 66 % de chances que votre choix soit le bon. Lisez la description détaillée du type perfectionniste pour vérifier qu'elle correspond bien à votre personnalité. La description du type devrait vous éclairer sur la façon dont vous percevez le monde et ce que vous pouvez faire pour votre développement personnel.

Si vous n'êtes pas certain que cette description vous corresponde, considérez alors votre deuxième ou troisième choix, ainsi que les autres types en relation avec le perfectionniste. Comparez ces types au perfectionniste à l'aide des pages de description et des pages de différenciation.

① **Type de l'ennéagramme** : chaque type est associé à un chiffre et à un « nom de baptême ».

② **Détermination du type** : cette page vous aide à déterminer parmi quels types se trouve probablement le vôtre.

③ **Types liés** : les quatre types de personnalités en relation avec votre type de base.

④ **Confusions possibles** : les types de personnalité présentant des similitudes avec votre type de base.

⑤ **Probabilités** : liste des probabilités que vous puissiez être d'un type différent que celui correspondant à votre premier choix.

La détermination du type

Ces pages portent le nom de pages de détermination parce qu'elles vous permettent de savoir si votre premier paragraphe choisi, A, B, C, D, E, F, G, H ou I, est bien le bon, et avec quelle probabilité. À défaut, ces pages mentionnent les probabilités que vous soyez de tel ou tel autre type. Plus précisément, la probabilité que vous soyez un des deux types liés à celui choisi par les flèches, ou un des types à confusion fréquente avec lui. Si aucune de ces pistes ne s'avère probante, vous pouvez alors être le type correspondant à votre deuxième ou troisième paragraphe choisi.

Les types liés

Sur l'ennéagramme, il y a quatre types de personnalité en relation avec votre type de base : les deux types voisins – on parle des deux « ailes » –, la position de sécurité et la position de stress. Ce sont les quatre facettes de vous-même associées à votre personnalité de base. Les pages de détermination montrent comment ces quatre positions influencent chaque type. Il est également possible que vous découvriez que, fondamentalement, votre base est plutôt l'un de ces types liés.

- *Les ailes*

Parmi les types liés, les deux voisins s'appellent donc les ailes. Par exemple, si vous êtes un battant (type 3), vos deux ailes sont l'altruiste (type 2) et le romantique (type 4). Si vous êtes un médiateur (type 9), vos deux ailes sont le perfectionniste (type 1) et le protecteur (type 8). Selon la théorie de l'ennéagramme, votre type de personnalité est influencé par l'une ou l'autre, voire les deux ailes.

- *Position de sécurité et position de stress*

Les deux autres types liés sont les positions de sécurité et de stress.

© DUNOD. La photocopie non autorisée est un délit.

La position de *stress* est la position que vous incarnez quand vous êtes sous pression ou quand vous vous apprêtez à agir. Sur la figure de l'ennéagramme, la position de stress est désignée par la flèche partant du point de base. Votre position de *sécurité* est la personnalité que vous incarnez lorsque vous vous sentez détendu, relax, ou au contraire totalement épuisé. Selon les circonstances, vous pouvez utiliser les qualités ou les « défauts » de vos positions de stress ou de sécurité. Comme vous pouvez le constater sur le diagramme, chaque type de l'ennéagramme a son propre point de sécurité et son propre point de stress.

Les types non liés : principales confusions possibles

Les types non liés sont les types qui, pour une raison ou pour une autre, peuvent se ressembler.

Par exemple, les types 3 (le battant) et le type 7 (l'épicurien) sont tous les deux dynamiques, enthousiastes et souvent en mouvement. Le paragraphe que vous avez choisi n'est pas assez long pour vous donner tous les éléments. La procédure décrite dans les pages de détermination vous aidera à établir une différence.

Les probabilités à prendre en compte

Cette rubrique indique la probabilité que vous soyez du type correspondant au paragraphe choisi. Elle donne également la probabilité de confusion avec tel ou tel autre type.

Il est toujours difficile d'être objectif par rapport à soi-même et ces probabilités vous aident à cerner une possible erreur.

☞

DEUXIÈME OUTIL : LES PAGES DE DESCRIPTION ; À QUOI SERVENT-ELLES ?

Les pages de description vous donnent une vision détaillée des caractéristiques de chacun des neuf types de l'ennéagramme.

Par opposition aux pages de détermination, l'information est ici *qualitative.* Il s'agit de donner plus d'éléments pour approfondir et clarifier chaque type. Ces pages décrivent également le chemin de développement de chaque type.

Présentation des pages de description

① *DESCRIPTION DU TYPE 1*

② *Proposition de base*

Le principe fondamental que j'ai perdu de vue :	Chacun de nous est un, unique et parfait.
La croyance par laquelle je l'ai remplacé :	Les gens ne sont pas acceptés pour ce qu'ils sont au fond. On a surtout de l'estime pour ceux qui se conduisent bien. Toute mauvaise conduite ou tout mauvais réflexe sont jugés et punis.
Stratégie mise au point en cohérence avec cette croyance :	J'ai appris que pour mériter l'amour des autres, il fallait se montrer responsable, consciencieux, tout faire correctement selon des principes. Je suis donc exigeant et je fais les efforts nécessaires pour me plier aux règles. J'ai réprimé ma colère, le stress et le ressentiment.

③ *Caractéristiques principales*

En fonction de ma stratégie, mon attention va vers :	Ce qui est vrai et ce qui est faux. J'attache une importance particulière à ce qui est incorrect et mériterait d'être corrigé. La justesse de la conduite des autres comparée à la mienne. La critique et l'autocritique.
Je place donc mon énergie dans :	Faire les choses correctement. Les problèmes d'intégrité. Garder des exigences élevées pour tout ce qui me paraît important. Être responsable et ne compter que sur moi. Supprimer mes besoins personnels et mes désirs naturels.
Je fais tout pour éviter de :	Faire des erreurs. Être agressif. Perdre la maîtrise de soi. Violer les normes sociales.
Mes points forts :	L'intégrité. Le désir de mieux faire. La capacité de fournir d'énormes efforts. L'idéalisme. L'indépendance. La capacité de me consacrer à une tâche. Mon sens des responsabilités.

④ *Stress et colère*

Ce qui me stresse :	Ne pas être capable de faire taire mes critiques et l'anxiété qui en découle. Me sentir surchargé par les responsabilités et mon côté consciencieux. Faire face au nombre d'erreurs à corriger, au nombre de choses à faire correctement. Essayer d'abandonner le ressentiment et la tension qui en découle. Faire face aux reproches de ne pas être à la hauteur.
Ce qui me met en colère :	L'injustice. L'irresponsabilité. Ce qui n'est pas fait correctement. La désinvolture et la désobéissance aux règles. Les critiques injustifiées.
Nature de ma colère :	Le ressentiment. L'autojustification. La tension et la raideur. Les explosions d'indignation.

⑤ *Développement personnel*

Le but ultime de mon développement :	Réaliser que le principe fondamental que j'ai perdu de vue est vrai et que la croyance que j'ai développée à sa place est le fruit de mes premières expériences et de ma nature.
Comment approfondir mon développement personnel :	Réaliser qu'il y a plusieurs façons de bien faire et que les « mauvaises » façons d'agir des autres sont simplement l'expression de différences individuelles. Accepter mes « imperfections » et celles des autres. M'entraîner à pardonner aux autres et à moi-même. Réserver du temps pour le plaisir et la relaxation. Remettre en cause les règles rigides et mon intransigeance. Utiliser le ressentiment comme indice d'un désir ou d'un besoin refoulé. Donner de la place à mes envies et à mes impulsions.

Comment les autres peuvent encourager mon développement :	Mon sens critique qui m'empêche d'apprécier une amélioration, s'attardant sur l'imperfection résiduelle ou sur le manque de rapidité. Mon souci de bien faire qui m'amène à remettre au lendemain ou à me noyer dans les détails. Trop de travail et pas assez de distractions.
Comment les autres peuvent encourager mon développement :	En m'encourageant à me mettre moins de pression et à prendre du temps pour moi. En me de donnant des avis qui soient exempts de jugement. En me rappelant que le but de la vie est d'être humain, pas d'être parfait.

① **Description du type** : cette page détaille le type considéré.

② **Proposition de base** : description de la formation du type de personnalité.

③ **Caractéristiques principales** : description des caractéristiques associées avec la stratégie que le type a suivie lors de son développement

④ **Stress et colère** : décrit les causes et la forme que prennent le stress et la colère de ce type.

⑤ **Développement personnel** : informations concernant le développement personnel de ce type.

La description du type

Cette page détaille le type considéré. Elle précise également comment transformer la découverte de son type en développement personnel. Chacune de ces pages présente une séquence logique, commençant avec une proposition de base, la perception du monde de ce type.

La proposition de base

Cette proposition consiste en trois parties :

1. le principe fondamental que j'ai perdu de vue : une vérité que les premières expériences de la vie m'ont fait perdre de vue durant la formation de ma personnalité ;
2. ce que j'ai substitué à la place : la croyance qui s'est développée à la fois à partir des premières expériences et des tendances naturelles à suppléer le principe fondamental ;
3. la stratégie que j'ai développée en cohérence avec cette croyance : la stratégie de survie que le type a développée à partir de cette croyance, afin de préserver les notions de sécurité, d'affection et d'amour propre.

Les principales caractéristiques

En fonction de cette stratégie, mon attention va vers ce qui est nécessaire pour soutenir la stratégie de survie propre à chaque type.

Je mets donc mon énergie dans ce qui est demandé par l'attention, dans la mesure où l'énergie suit l'attention et où elle agit conformément à la stratégie de base.

Je fais tout ce que je peux pour éviter ce que ce type craint le plus, en fonction de sa stratégie.

Mes points forts sont les qualités qui se sont naturellement développées en fonction de ma stratégie.

Stress et colère

Ce qui provoque le stress : les situations, les circonstances qui provoquent stress et angoisse.

© DUNOD. La photocopie non autorisée est un délit.

Ce qui me met en colère : les facteurs qui « appuient là où ça fait mal » et font monter la colère.

La nature de ma colère : la forme que prend ma réactivité en fonction de mon type.

Développement personnel

L'objectif ultime de mon développement : retrouver le principe fondamental perdu de vue pendant la formation de ma personnalité.

Comment améliorer mon développement personnel : les étapes, les techniques, les prises de conscience nécessaires à mon développement personnel.

Ce qui gêne mon développement personnel : les principaux obstacles, les différentes formes de résistance qui jalonnent le chemin de croissance.

Comment les autres peuvent m'aider dans mon développement : par quels encouragements, par quelles actions.

TYPE 1 : LE PERFECTIONNISTE

DÉTERMINATION DU TYPE 1

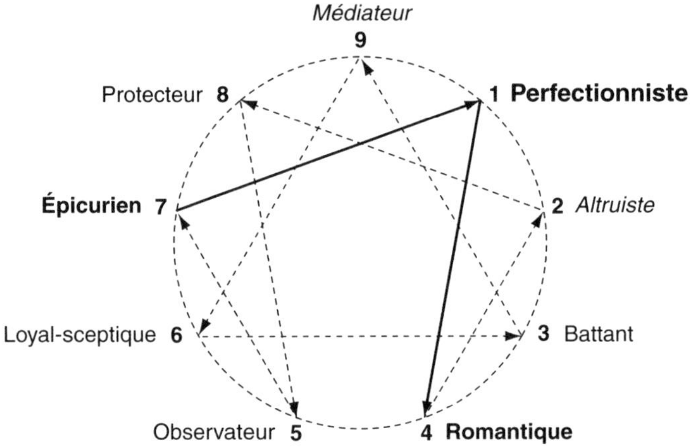

Types liés

Aile	9 Médiateur
Aile	2 Altruiste
Position de sécurité	7 Épicurien
Position de stress	4 Romantique

Confusions possibles

3 Battant
6 Loyal-sceptique
8 Protecteur

Probabilités

Sachant que le paragraphe du perfectionniste était leur premier choix, voici la répartition réelle du type des personnes ayant fait ce choix :

66 %	1 Perfectionniste
8 %	4 Romantique
8 %	6 Loyal-sceptique
7 %	2 Altruiste
5 %	9 Médiateur

Si, en premier choix, vous avez sélectionné le paragraphe correspondant au perfectionniste, il y a 66 % de chances que votre choix soit le bon. Lisez la description détaillée du type perfectionniste pour vérifier qu'elle correspond bien à votre personnalité. La description du type devrait vous éclairer sur la façon dont vous percevez le monde et ce que vous pouvez faire pour votre développement personnel.

Si vous n'êtes pas certain que cette description vous corresponde, considérez alors votre deuxième ou troisième choix, ainsi que les autres types en relation avec le perfectionniste. Comparez ces types au perfectionniste à l'aide des pages de description et des pages de différenciation.

☞

DESCRIPTION DU TYPE 1

Proposition de base

Le principe fondamental que j'ai perdu de vue :	Chacun de nous est un, unique et parfait.
La croyance par laquelle je l'ai remplacé :	Les gens ne sont pas acceptés pour ce qu'ils sont au fond. On a surtout de l'estime pour ceux qui se conduisent bien. Toute mauvaise conduite ou tout mauvais réflexe sont jugés et punis.
Stratégie mise au point en cohérence avec cette croyance :	J'ai appris que pour mériter l'amour des autres, il fallait se montrer responsable, consciencieux, tout faire correctement selon des principes. Je suis donc exigeant et je fais les efforts nécessaires pour me plier aux règles. J'ai réprimé ma colère, le stress et le ressentiment.

Caractéristiques principales

En fonction de ma stratégie, mon attention va vers :	Ce qui est vrai et ce qui est faux. J'attache une importance particulière à ce qui est incorrect et mériterait d'être corrigé. La justesse de la conduite des autres comparée à la mienne. La critique et l'autocritique.
Je place donc mon énergie dans :	Faire les choses correctement. Les problèmes d'intégrité. Garder des exigences élevées pour tout ce qui me paraît important. Être responsable et ne compter que sur moi. Supprimer mes besoins personnels et mes désirs naturels.
Je fais tout pour éviter de :	Faire des erreurs. Être agressif. Perdre la maîtrise de soi. Violer les normes sociales.
Mes points forts :	L'intégrité. Le désir de mieux faire. La capacité de fournir d'énormes efforts. L'idéalisme. L'indépendance. La capacité de me consacrer à une tâche. Mon sens des responsabilités.

Stress et colère

Ce qui me stresse :	Ne pas être capable de faire taire mes critiques et l'anxiété qui en découle. Me sentir surchargé par les responsabilités et mon côté consciencieux. Faire face au nombre d'erreurs à corriger, au nombre de choses à faire correctement. Essayer d'abandonner le ressentiment et la tension qui en découle. Faire face aux reproches de ne pas être à la hauteur.
Ce qui me met en colère :	L'injustice. L'irresponsabilité. Ce qui n'est pas fait correctement. La désinvolture et la désobéissance aux règles. Les critiques injustifiées.
Nature de ma colère :	Le ressentiment. L'autojustification. La tension et la raideur. Les explosions d'indignation.

Développement personnel

Le but ultime de mon développement :	Réaliser que le principe fondamental que j'ai perdu de vue est vrai et que la croyance que j'ai développée à sa place est le fruit de mes premières expériences et de ma nature.
Comment approfondir mon développement personnel :	Réaliser qu'il y a plusieurs façons de bien faire et que les « mauvaises » façons d'agir des autres sont simplement l'expression de différences individuelles. Accepter mes « imperfections » et celles des autres. M'entraîner à pardonner aux autres et à moi-même. Réserver du temps pour le plaisir et la relaxation. Remettre en cause les règles rigides et mon intransigeance. Utiliser le ressentiment comme indice d'un désir ou d'un besoin refoulé. Donner de la place à mes envies et à mes impulsions.

© DUNOD. La photocopie non autorisée est un délit.

Ce qui entrave mon développement personnel :	Mon sens critique qui m'empêche d'apprécier une amélioration, s'attardant sur l'imperfection résiduelle ou sur le manque de rapidité. Mon souci de bien faire qui m'amène à remettre au lendemain ou à me noyer dans les détails. Trop de travail et pas assez de distractions.
Comment les autres peuvent encourager mon développement :	En m'encourageant à me mettre moins de pression et à prendre du temps pour moi. En me de donnant des avis qui soient exempts de jugement. En me rappelant que le but de la vie est d'être humain et non d'être parfait.

TYPE 2 : L'ALTRUISTE

DÉTERMINATION DU TYPE 2

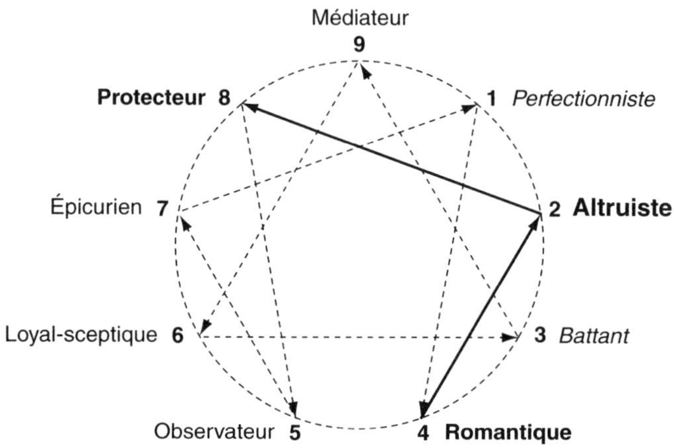

Types liés

Aile	1 Perfectionniste
Aile	3 Battant
Position de sécurité	4 Romantique
Position de stress	8 Protecteur

Confusions possibles

7 Épicurien
9 Médiateur

Probabilités

Sachant que le paragraphe de l'altruiste était leur premier choix, voici la répartition réelle du type des personnes ayant fait ce choix :

65 %	2 Altruiste
8 %	7 Épicurien
8 %	9 Médiateur
7 %	4 Romantique
5 %	1 Perfectionniste

Si vous avez choisi le paragraphe correspondant à l'altruiste, il y a 65 % de chances que votre choix soit le bon. Lisez la description détaillée de l'altruiste pour vérifier qu'elle vous convient. La description du type devrait vous éclairer sur la façon dont vous percevez le monde et ce que vous pouvez faire pour votre développement personnel.

Si vous n'êtes pas certain que cette description vous correspond, considérez alors votre deuxième ou troisième choix, ainsi que les autres types en relation avec l'altruiste. Comparez ces types à l'altruiste à l'aide des pages de description et des pages de différenciation.

☞

DESCRIPTION DU TYPE 2

Proposition de base

Le principe fondamental que j'ai perdu de vue :	Les besoins de tous les hommes sont également et librement pourvus.
La croyance par laquelle je l'ai remplacé :	Pour recevoir, il faut donner. Pour être aimé, il faut que l'on ait besoin de moi.
Stratégie en cohérence avec cette croyance :	J'ai appris à satisfaire mes besoins en faisant en sorte que les autres aient besoin de moi et en leur donnant ce que je pense qu'ils désirent ou ce dont ils ont besoin. J'espère qu'ils feront la même chose pour moi. Je suis fier d'être indispensable.

Caractéristiques principales

En fonction de ma stratégie, mon attention va vers :	Les besoins et les désirs des autres, et spécialement de ceux qui comptent pour moi et pour qui j'aimerais compter. L'entourage. Les sentiments et les émotions de mes proches, ici et maintenant.
Je place donc mon énergie dans :	La perception des besoins des autres, faire ce qui leur plaît. La satisfaction de savoir que je suis capable d'aller au-devant des besoins de mes proches et de les satisfaire efficacement. Être accepté et approuvé. Les relations romantiques.
Je fais tout pour éviter de :	Décevoir les autres. Avoir le sentiment d'être rejeté ou pas aimé. Dépendre des autres.
Mes points forts :	Ma capacité de donner, d'aider, d'être généreux, sensible aux sentiments des autres, de les soutenir, de les apprécier. Mon romantisme. Mon énergie. L'exubérance.

Stress et colère

Ce qui me stresse :

Me sentir indispensable à trop de personnes et à trop de projets.
Constater l'état de confusion concernant mes propres besoins.
Prendre la liberté d'être ce que je suis et de prendre soin de moi.
Les montagnes russes émotionnelles que je provoque à m'investir tellement dans les relations et particulièrement dans celles qui représentent un défi.

Ce qui me met en colère :

Ne pas être apprécié, qu'on ne s'occupe pas de moi.
Me sentir contrôlé.
Ne pas être en contact avec mes besoins et mes désirs.

Nature de ma colère :

Intense, souvent soudaine, explosions émotionnelles.
Accusations.
Pleurs.

Développement personnel

Le but ultime de mon développement :

Réaliser que le principe fondamental que j'ai perdu de vue est vrai et que la croyance que j'ai développée à sa place est le fruit de mes premières expériences et de ma nature.

Comment approfondir mon développement personnel :

Prendre conscience qu'être aimé n'a rien à voir avec le fait de s'adapter aux autres.
Être au clair avec la question « qui suis-je vraiment ? ».
Prêter attention et m'habituer à prendre soin de mes besoins et de mes désirs.
Considérer les manifestations de colère et de détresse comme le signe que je suis en train de m'éloigner de mes besoins.
Reconnaître que je ne suis pas indispensable et que c'est bien ainsi.
M'autoriser à recevoir.
M'entraîner à définir des limites en disant non aux demandes des autres quand c'est approprié.
Prendre conscience des moments où mon aide est une intrusion et une façon de contrôler mon entourage.

© DUNOD. La photocopie non autorisée est un délit.

Ce qui entrave mon développement personnel :	Les rationalisations consistant à déterminer ce que je dois faire pour les autres avant de savoir ce que je dois faire pour moi. La fierté qui m'empêche d'admettre que j'ai des besoins. Le sentiment d'être égoïste quand je m'occupe de moi.
Comment les autres peuvent encourager mon développement :	En appréciant mon indépendance plutôt que de dépendre de l'aide que je prodigue. En accordant de l'importance à mes propres besoins et en posant des questions à ce sujet. En m'encourageant à dire non quand c'est nécessaire.

TYPE 3 : LE BATTANT

DÉTERMINATION DU TYPE 3

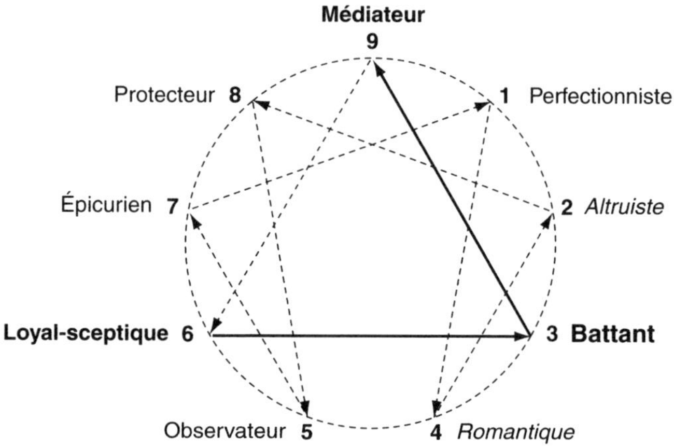

Types liés

Aile	2 Altruiste
Aile	4 Romantique
Position de sécurité	6 Loyal-sceptique
Position de stress	9 Médiateur

Confusions possibles

7 Épicurien
1 Perfectionniste
8 Protecteur

Probabilités

Sachant que le paragraphe du battant était leur premier choix, voici la répartition réelle du type des personnes ayant fait ce choix :

54 %	3 Battant
13 %	7 Épicurien
9 %	1 Perfectionniste
7 %	2 Altruiste
5 %	8 Protecteur
5 %	9 Médiateur

Si vous avez choisi le paragraphe correspondant au battant, il y a 54 % de chances que votre choix soit le bon. Lisez la description détaillée du battant pour vérifier qu'elle vous convient. La description du type devrait vous éclairer sur la façon dont vous percevez le monde et ce que vous pouvez faire pour votre développement personnel.

Si vous n'êtes pas sûr que cette description vous corresponde, considérez alors votre deuxième ou troisième choix, ainsi que les autres types en relation avec le battant. Comparez ces types au battant à l'aide des pages de description et des pages de différenciation.

☞

DESCRIPTION DU TYPE 3

Proposition de base

Le principe fondamental que j'ai perdu de vue :	Tout fonctionne et se réalise naturellement selon les lois universelles.
La croyance par laquelle je l'ai remplacé :	Tout ce qui advient dépend de l'effort de chacun. On est récompensé au prorata de ses actions, pas pour ce que l'on est.
Stratégie mise au point en cohérence avec cette croyance :	J'ai appris à réussir pour recevoir amour et approbation, en travaillant dur pour être le meilleur et en préservant les apparences. Je suis devenu un accro des réalisations productives.

Caractéristiques principales

En fonction de ma stratégie, mon attention va vers :	Tout ce qui doit être fait : tâches, buts à atteindre, réussites futures. Les solutions les plus efficaces. Comment être le meilleur.
Je place donc mon énergie dans :	Accomplir les choses vite et efficacement. Être toujours actif et occupé. Me battre pour gagner. Obtenir reconnaissance et crédit pour mes réalisations. Me mettre en position de l'emporter. Me promouvoir. Faire bonne figure.
Je fais tout pour éviter :	L'échec de ce que j'ai entrepris. Être au deuxième plan. Perdre la face. Les sentiments d'inconfort et de doute que provoquent en moi l'inactivité et le ralentissement de mon rythme. Tout ce qui me distrait de mon but, y compris les émotions.

Mes points forts :
Amabilité.
Enthousiasme.
Leadership.
Assurance.
Esprit pratique, compétence et efficacité.
Sang-froid.
Motivation.

Stress et colère

Ce qui me stresse :
La tension provoquée par ma façon de lier ma valeur à ce que je fais, au statut, au prestige, au pouvoir.
Ne pas être en contact avec mes sentiments et mes valeurs.
Trop faire.

Ce qui me met en colère :
Les obstacles, tout ce qui peut menacer la réalisation de mes objectifs.
L'incompétence.
L'indécision.
L'inefficacité.
La critique.

Nature de ma colère :
Impatience.
Irritabilité.
Les explosions de colère occasionnelles.

Développement personnel

Le but ultime de mon développement :
Réaliser que le principe fondamental que j'ai perdu de vue est vrai et que la croyance que j'ai développée à sa place est le fruit de mes premières expériences et de ma nature.

Comment approfondir mon développement personnel :
Modérer mon rythme.
Laisser place à mes émotions.
Me demander ce qui est réellement important.
Apprendre à rechercher, en moi, ma propre identité en dehors du succès et des espérances des autres.
Mettre des limites au travail.
M'autoriser à m'écouter et à être réceptif.
Me rendre compte que l'amour est lié à l'être et non pas au faire et à l'avoir.

© DUNOD. La photocopie non autorisée est un délit.

Ce qui entrave mon développement personnel :	Faire preuve d'impatience envers mes sentiments et ceux des autres. Travailler jusqu'à me sentir fatigué, voire épuisé. Ne pas savoir ralentir.
Comment les autres peuvent encourager mon développement :	En m'encourageant à attacher de l'importance aux émotions et aux rapports humains. En me montrant que l'on m'aime pour moi et pas pour ce que j'ai accompli. En m'appuyant lorsque j'exprime ce qui est vrai pour moi. En me disant ce qui est important pour eux. En me rappelant que je peux ralentir et prendre le temps de profiter de la vie.

TYPE 4 : LE ROMANTIQUE

DÉTERMINATION DU TYPE 4

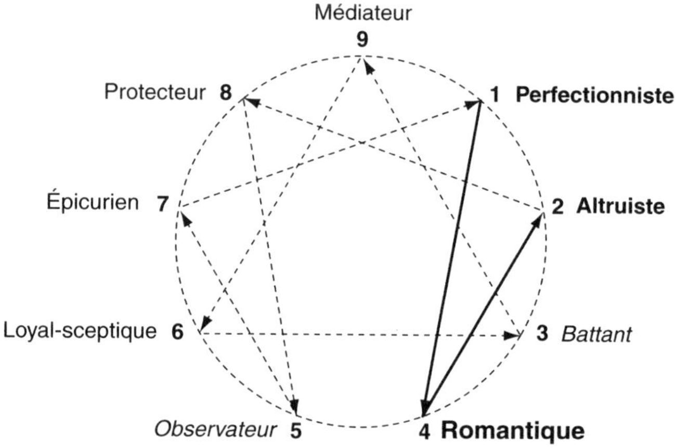

Types liés

Aile	3 Battant
Aile	5 Observateur
Position de sécurité	1 Perfectionniste
Position de stress	2 Altruiste

Confusions possibles

6 Loyal-sceptique
9 Médiateur
7 Épicurien

Probabilités

Sachant que le paragraphe du romantique était leur premier choix, voici la répartition réelle du type des personnes ayant fait ce choix :

61 %	4 Romantique
11 %	1 Perfectionniste
7 %	6 Loyal-sceptique
7 %	9 Médiateur
5 %	7 Épicurien

Si vous avez choisi le paragraphe correspondant au romantique, il y a 61 % de chances que votre choix soit le bon. Lisez la description détaillée du romantique pour vérifier qu'elle vous convient. La description du type devrait vous éclairer sur la façon dont vous percevez le monde et ce que vous pouvez faire pour votre développement personnel.

Si vous n'êtes pas sûr que cette description vous corresponde, considérez alors votre deuxième ou troisième choix, ainsi que les autres types en relation avec le romantique. Comparez ces types au romantique à l'aide des pages de description et des pages de différenciation.

DESCRIPTION DU TYPE 4

Proposition de base

Le principe fondamental que j'ai perdu de vue :	Chacun de nous est en permanence relié avec l'univers : tant les êtres que les choses.
La croyance par laquelle je l'ai remplacé :	Les êtres humains souffrent de ne plus être reliés au reste du monde, ils éprouvent un sentiment d'abandon et ils ont l'impression de passer à côté de quelque chose d'important.
Stratégie mise au point en cohérence avec cette croyance :	J'ai appris à rechercher l'amour idéal ou les circonstances parfaites qui me permettraient de me sentir aimé, comblé et réunifié. J'ai un sentiment de manque qui me pousse à espérer et à envier ce que je n'ai pas.

Caractéristiques principales

En fonction de ma stratégie, mon attention va vers :	Ce qui est positif et séduisant dans le passé ou le futur. Ce qui me manque et que je désire. Le sentiment de solitude lié à ce qui me manque. Ce qui me plaît sur un plan esthétique. Ce qui me touche profondément. Ce qui est lourd de signification.
Je place donc mon énergie dans :	Un sentiment intense de tristesse et de nostalgie associé à ce qui semble manquer dans ma vie. La quête d'amour, de sens. La recherche de la plénitude quand, par instants, je me sens relié. La soif de me réaliser en tant qu'individu unique.
Je fais tout pour éviter de :	Être rejeté, abandonné, ignoré, sans importance. Avoir l'impression de ne pas être à la hauteur. Avoir l'impression que je ne tourne pas rond. La banalité. Les gens et les expériences qui ne sont pas sources d'émotions profondes.

Mes points forts : La sensibilité.
La créativité.
Vivre au diapason des émotions.
La capacité de me mettre à la place de ceux qui souffrent.
L'intensité.
L'idéalisme romantique.
L'authenticité.
L'introspection.

Stress et colère

Ce qui me stresse : Les gens et les expériences qui ne sont pas à la hauteur de mes idéaux romantiques ou de mon désir d'intensité.
Vouloir plus qu'il n'est possible d'obtenir.
Le fait d'envier ce que les autres ont et que je n'ai pas ou ce qu'ils sont et que je ne suis pas.
Les sentiments qui ne peuvent être maîtrisés, surtout dans les moments de crise.

Ce qui me met en colère : Les gens qui me déçoivent, qui font défaut ou qui m'abandonnent.
Le souvenir de ceux qui m'ont fait souffrir dans le passé.
Être offensé, rejeté, abandonné.
Me sentir mal compris.
L'hypocrisie et l'absence de sincérité.

Nature de ma colère : Colères violentes ou crises de larmes.
Dépression.

Développement personnel

Le but ultime de mon développement : Réaliser que le principe fondamental que j'ai perdu de vue est vrai et que la croyance que j'ai développée à sa place est le fruit de mes premières expériences et de ma nature.

☞

© DUNOD. La photocopie non autorisée est un délit.

Comment approfondir mon développement personnel :	Me concentrer sur ce qui est positif ici et maintenant, plutôt que sur ce qui manque. Continuer à agir de façon constante en dépit des émotions intenses et fluctuantes. Participer à des activités physiques et aider les autres, afin de sortir de mon introspection. Ne pas réagir sous le coup de l'émotion. Apprécier les expériences de tous les jours, même ordinaires.
Ce qui entrave mon développement personnel :	Me laisser mener par mes émotions et tomber dans l'inaction. Ne pas vouloir changer par crainte de perdre mon individualité. Avoir l'impression de ne pas être à la hauteur. Avoir l'impression que le monde entier me laisse tomber. M'enfermer dans mes préoccupations. Dévaloriser une petite amélioration et succomber au découragement.
Comment les autres peuvent encourager mon développement :	En m'encourageant à regarder ce qui est positif, ici et maintenant. En entendant mes sentiments et mon idéalisme. En exprimant leurs sentiments et leurs motivations. En me montrant qu'ils me comprennent et n'essayent pas de me changer.

TYPE 5 : L'OBSERVATEUR

DÉTERMINATION DU TYPE 5

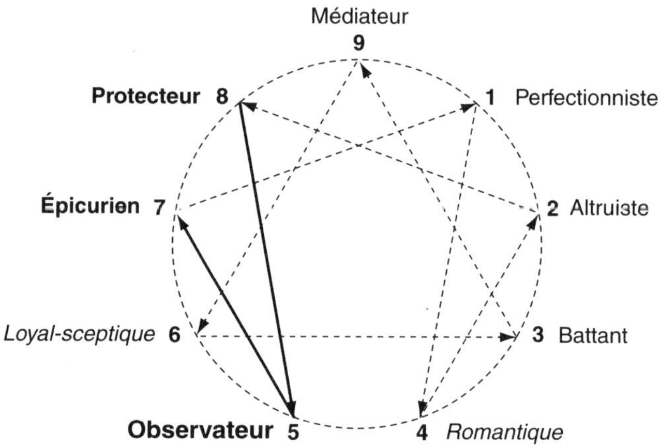

Types liés

Aile	4 Romantique
Aile	6 Loyal-sceptique
Position de sécurité	8 Protecteur
Position de stress	7 Épicurien

Confusions possibles

1 Perfectionniste
9 Médiateur

Probabilités

Sachant que le paragraphe de l'observateur était leur premier choix, voici la répartition réelle du type des personnes ayant fait ce choix :

65 %	5 Observateur
11 %	6 Loyal-sceptique
11 %	9 Médiateur

Si vous avez choisi le paragraphe correspondant à l'observateur, il y a 65 % de chances que votre choix soit le bon. Lisez la description détaillée de l'observateur pour vérifier qu'elle vous convient. La description du type devrait vous éclairer sur la façon dont vous percevez le monde et ce que vous pouvez faire pour votre développement personnel.

Si vous n'êtes pas sûr que cette description vous corresponde, considérez alors votre deuxième ou troisième choix, ainsi que les autres types en relation avec l'observateur. Comparez ces types à l'observateur à l'aide des pages de description et des pages de différenciation.

DESCRIPTION DU TYPE 5

Proposition de base

Le principe fondamental que j'ai perdu de vue :	Il y a une source intarissable de connaissance et d'énergie qui pourvoit aux besoins de chacun.
La croyance par laquelle je l'ai remplacé :	Le monde exige trop et donne trop peu en retour.
Stratégie mise au point en cohérence avec cette croyance :	J'ai appris à me protéger des exigences extérieures qui sapent mes ressources en devenant secret et autosuffisant. J'ai appris à limiter mes besoins et à accumuler beaucoup de connaissances. Je suis devenu avare de ce dont je ne peux me passer.

Caractéristiques principales

En fonction de ma stratégie, mon attention va vers :	Tout ce qui est intellectuel. Les faits. L'analyse et la pensée organisée. Le risque d'intrusion dans mon intimité et ce que l'on exige de moi.
Je place donc mon énergie dans :	L'observation détachée des choses et des êtres. Apprendre le maximum de données possibles sur un sujet. Penser et analyser systématiquement. Étouffer et réduire mes émotions. La maîtrise de soi, le désengagement, la préservation. Maintenir une intimité suffisante, mettre en place des protections et des limites.
Je fais tout pour éviter :	Les émotions fortes, spécialement la peur. Les importuns, les personnes et situations exigeantes. Le sentiment d'insuffisance et de vide.

Mes points forts :	L'érudition. Le savoir. L'attention. Le sang-froid. Le fait de savoir garder un secret. L'analyse et la synthèse. Ma capacité d'apprécier la simplicité.

Stress et colère

Ce qui me stresse :	Ne pas arriver à préserver mon intimité. La fatigue. Avoir des besoins, des désirs qui mènent à la dépendance. La nécessité d'accumuler 100 % d'informations avant d'agir.
Ce qui me met en colère :	Le fait de continuellement me contenir et de retenir les informations.
Nature de ma colère :	Refoulement, dissimulation. Tension et désapprobation. Brefs éclats de colère.

Développement personnel

Le but ultime de mon développement :	Réaliser que le principe fondamental que j'ai perdu de vue est vrai et que la croyance que j'ai développée à sa place est le fruit de mes premières expériences et de ma nature.
Comment approfondir mon développement personnel :	Me permettre d'éprouver des sentiments au lieu de me retirer dans ma tête. Reconnaître que se détacher et retenir des informations invite à l'intrusion. Passer à l'action en prenant conscience que j'ai suffisamment d'énergie et de soutien pour la mener à terme. Prendre part à des activités physiques. Trouver le moyen de m'engager de me mêler aux conversations, de m'exprimer et de révéler des choses qui me touchent émotionnellement.

© DUNOD. La photocopie non autorisée est un délit.

Ce qui entrave mon développement personnel :	Minimiser mes besoins et m'éloigner du courant de la vie. Laisser passer les occasions de faire des choses avec d'autres. Me couper de mes émotions et des autres. Ne pas reconnaître la peur et la colère en moi. Difficulté à parler de moi. Trop d'analyse.
Comment les autres peuvent encourager mon développement :	En respectant mon territoire et mon intimité. En établissant une distinction claire entre des exigences et de simples demandes. En étant mesuré dans la façon de me faire part de leurs intérêts et de leurs sentiments. En m'encourageant à me découvrir et à exprimer mes émotions, à vivre dans l'ici et maintenant. En appréciant ma sensibilité. En appréciant mon aptitude à vivre et laisser vivre.

TYPE 6 : LE LOYAL-SCEPTIQUE

DÉTERMINATION DU TYPE 6

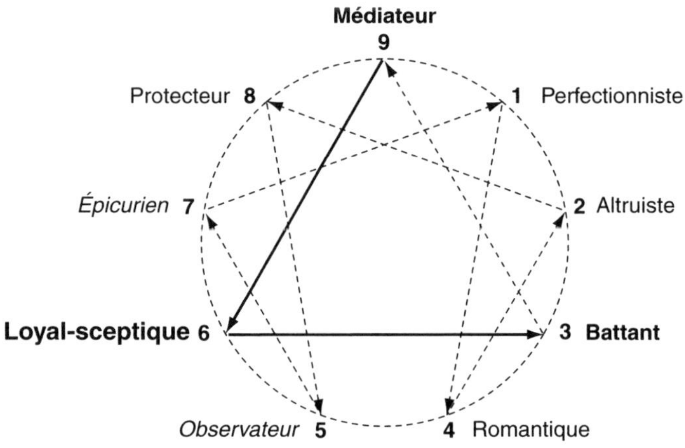

Types liés

Aile	5 Observateur
Aile	7 Épicurien
Position de sécurité	9 Médiateur
Position de stress	3 Battant

Confusions possibles

4 Romantique

Probabilités

Sachant que le paragraphe du loyal-sceptique était leur premier choix, voici la répartition réelle du type des personnes ayant fait ce choix :

66 %	6 Loyal-sceptique
8 %	5 Observateur
8 %	9 Médiateur
5 %	4 Romantique
5 %	7 Épicurien

Si vous avez choisi le paragraphe correspondant au loyal-sceptique, il y a 66 % de chances que votre choix soit le bon. Lisez la description détaillée du loyal-sceptique pour vérifier qu'elle vous convient. La description du type devrait vous éclairer sur la façon dont vous percevez le monde et ce que vous pouvez faire pour votre développement personnel.

Si vous n'êtes pas sûr que cette description vous corresponde, considérez alors votre deuxième ou troisième choix, ainsi que les autres types en relation avec le loyal-sceptique. Comparez ces types au loyal-sceptique à l'aide des pages de description et des pages de différenciation.

☞

DESCRIPTION DU TYPE 6

Proposition de base

Le principe fondamental que j'ai perdu de vue :	Nous avons tous confiance en nous, en nos semblables et en l'univers.
La croyance par laquelle je l'ai remplacé :	Le monde est menaçant et dangereux et personne ne peut faire confiance à personne.
Stratégie mise au point en cohérence avec cette croyance :	J'ai appris à être vigilant, à discuter et à obéir à l'autorité pour éviter les menaces et les dangers, pour obtenir la sécurité et éviter le mal (attitude phobique). J'ai appris à être vigilant, à douter et à défier l'autorité pour combattre l'apparition des menaces et des dangers, défier la sécurité et affronter le mal (attitude contrephobique). Je suis devenu sceptique.

Caractéristiques principales

En fonction de ma stratégie, mon attention va vers :	Ce qui pourrait mal tourner ou devenir dangereux. Les pièges éventuels, les ambiguïtés, les incongruités. Les implications, les interprétations et les sous-entendus.
Je place donc mon énergie dans :	Douter, me méfier, remettre les choses en question, rechercher les doubles messages. M'appuyer sur l'analyse logique afin de comprendre ce qui se passe. Jouer à l'avocat du diable. Avoir une attitude ambivalente envers l'autorité. Montrer ma force. Renforcer ma sécurité en obtenant l'approbation des autres, être loyal et me consacrer à des causes qui en valent la peine.

Je fais tout pour éviter de : Être sans défense, perdre le contrôle face au danger et au mal.
Succomber au danger ou au mal.
Être bloqué par le doute et des pensées contradictoires.
M'aliéner ceux dont je dépends en les contredisant et en m'opposant à eux.

Mes points forts : Digne de confiance.
Loyal.
Disponible.
Chaleureux.
Persévérant.
Responsable.
Protecteur.
Intuitif.
Analytique.
Sensible.

Stress et colère

Ce qui me stresse : La tension que je m'inflige pour affronter l'incertitude et l'insécurité.
Les difficultés avec l'autorité, qu'il s'agisse d'obéissance ou de rébellion.
L'énergie déployée pour garder la confiance de ceux pour qui je n'éprouve que défiance et ambivalence.

Ce qui me met en colère : Ceux qui ne sont pas fiables.
La trahison.
Le sentiment d'être piégé, contrôlé ou sous pression.
Les interactions avec ceux qui me paraissent trop exigeants.
L'absence de réaction à ce que je fais.

Nature de ma colère : Cynisme.
Sarcasme. Réparties mordantes.
Accusations.
Attaque pour me défendre.

☞

© DUNOD. La photocopie non autorisée est un délit.

Développement personnel

Le but ultime de mon développement :	Réaliser que le principe fondamental que j'ai perdu de vue est vrai et que la croyance que j'ai développée à sa place est le fruit de mes premières expériences et de ma nature.
Comment approfondir mon développement personnel :	Être et agir de mon propre chef. Me laisser porter par la confiance en moi, en mes semblables et en l'univers. Accepter l'incertitude et l'insécurité comme étant parties intégrantes de la vie. Mettre mes peurs et inquiétudes envers les autres à l'épreuve. Admettre que le fait d'être toujours occupé est une façon d'échapper à l'anxiété et à la réalité. Admettre que la lutte et la fuite sont des réactions de peur. Aller de l'avant malgré la peur en accomplissant des actions positives.
Ce qui entrave mon développement personnel :	Le doute et l'ambivalence. Ma course aux certitudes, le contrôle excessif que j'opère, mon attitude surprotectrice. Le manque de confiance en moi et en mes décisions. Ma projection des pires scénarios possibles.
Comment les autres peuvent encourager mon développement :	En étant cohérent avec moi et en me faisant confiance. En laissant tomber le masque et en m'encourageant à faire de même. En contrant mes doutes et mes peurs en me présentant des alternatives réalistes, positives et rassurantes.

TYPE 7 : L'ÉPICURIEN

DÉTERMINATION DU TYPE 7

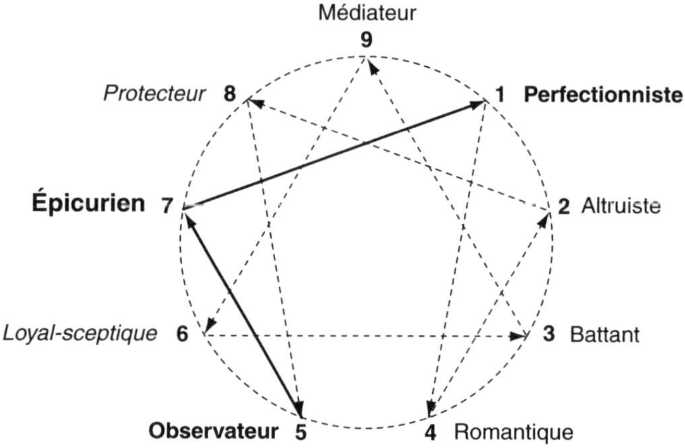

Types liés

Aile	6 Loyal-sceptique
Aile	8 Protecteur
Position de sécurité	5 Observateur
Position de stress	1 Perfectionniste

Confusions possibles

2 Altruiste
3 Battant
9 Médiateur

Probabilités

Sachant que le paragraphe de l'épicurien était leur premier choix, voici la répartition réelle du type des personnes ayant fait ce choix :

52 %	7 Épicurien
8, 5 %	8 Protecteur
7 %	2 Altruiste
7 %	6 Loyal-sceptique
7 %	5 Observateur
6 %	9 Médiateur
5, 5 %	1 Perfectionniste

Si vous avez choisi le paragraphe correspondant à l'épicurien, il y a 52 % de chances que votre choix soit le bon. Lisez la description détaillée de l'épicurien pour vérifier qu'elle vous convient. La description du type devrait vous éclairer sur la façon dont vous percevez le monde et ce que vous pouvez faire pour votre développement personnel.

Si vous n'êtes pas sûr que cette description vous corresponde, considérez alors votre deuxième ou troisième choix, ainsi que les autres types en relation avec l'épicurien. Comparez ces types à l'épicurien à l'aide des pages de description et des pages de différenciation.

☞

DESCRIPTION DU TYPE 7

Proposition de base

Le principe fondamental que j'ai perdu de vue :	La vie offre un éventail infini de possibilités que l'on peut expérimenter librement.
La croyance par laquelle je l'ai remplacé :	Le monde nous limite, nous frustre et nous fait souffrir.
Stratégie mise au point en cohérence avec cette croyance :	J'ai appris à me protéger des limites et de la souffrance en m'engageant dans des activités plaisantes et en imaginant un avenir plein de choses fascinantes. Je suis devenu un glouton d'idées intéressantes et d'expériences agréables.

Caractéristiques principales

En fonction de ma stratégie, mon attention va vers :	Les idées, les options et les projets ludiques et plaisants. Les associations d'idées que l'on peut établir entre différents domaines de connaissances et de savoirs. Ce que je veux.
Je place donc mon énergie dans :	Croquer la vie à belles dents. Ne me fermer aucune porte. Faire en sorte que la vie soit joyeuse. Être aimé (charmant et désarmant). Maintenir un statut privilégié.
Je fais tout pour éviter :	Les frustrations, les contraintes, les limites, les sentiments douloureux, l'ennui.
Mes points forts :	Mon sens du jeu. Mon ingéniosité. Mon aptitude à apprécier la vie et à être joyeux. Ma grande énergie. Mon optimisme. Mon amour de la vie. Mon côté visionnaire. Mon enthousiasme. Mon imagination.

Stress et colère

Ce qui me stresse :	L'ampleur de la tâche qui consiste à embrasser toutes les possibilités qu'offre la vie. La répétition des mêmes erreurs encore et encore dans le but d'éviter la douleur. M'engager, puis me sentir piégé.
Ce qui me met en colère :	Les contraintes et limites qui m'empêchent d'obtenir ce que je veux. Les gens coincés, pessimistes, dépressifs ou encore ceux qui passent leur temps à rendre les autres responsables de tous les maux.
Nature de ma colère :	Brève et ponctuelle. N'affectant que le moment. Épisodique. Impétueuse.

Développement personnel

Le but ultime de mon développement :	Réaliser que le principe fondamental que j'ai perdu de vue est vrai et que la croyance que j'ai développée à sa place est le fruit de mes premières expériences et de ma nature.
Comment approfondir mon développement personnel :	Prendre conscience que la recherche du plaisir est une façon d'échapper à la peur du manque, que le refus d'assumer les responsabilités qui contraignent ma liberté est un échappatoire à la souffrance. Décider de me consacrer à une seule tâche à la fois jusqu'à ce qu'elle soit achevée. Vivre plus pleinement l'ici et maintenant plutôt que de toujours me projeter dans l'avenir. Accepter de contacter les sentiments et les intérêts des autres. Prendre acte que je me limite en ne recherchant que le bon côté des choses et en ignorant tout ce qui est négatif.

☞

© DUNOD. La photocopie non autorisée est un délit.

Ce qui entrave mon développement personnel :	Ma détermination à obtenir ce que je veux. La difficulté à voir ce qui est négatif en moi. Le refus d'accepter la souffrance et les conflits. Le fait que je me laisse distraire facilement oubliant du même coup mes engagements et mes buts.
Comment les autres peuvent encourager mon développement :	En m'encourageant lorsque je ralentis le rythme et lorsque je m'attache à remplir mes engagements. En me disant leurs désirs et leurs besoins et en me faisant savoir leur importance pour eux. En m'encourageant à affronter les contraintes, la souffrance, la peur. En m'aidant à éviter l'agitation.

TYPE 8 : LE PROTECTEUR

DÉTERMINATION DU TYPE 8

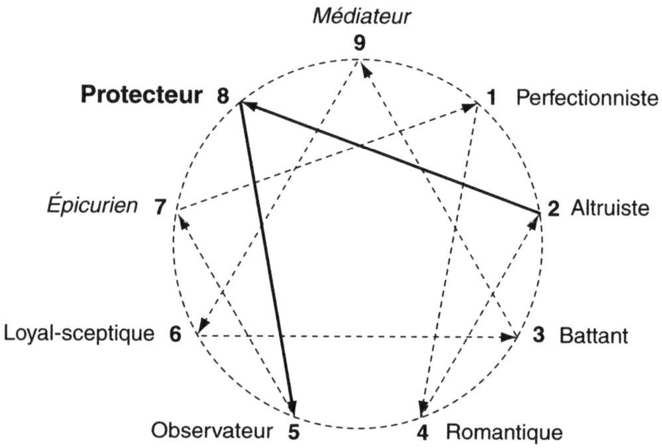

Types liés

Aile	7 Épicurien
Aile	9 Médiateur
Position de sécurité	2 Altruiste
Position de stress	5 Observateur

Confusions possibles

1 Perfectionniste
4 Romantique
6 Loyal-sceptique

Probabilités

Sachant que le paragraphe du protecteur était leur premier choix, voici la répartition réelle du type des personnes ayant fait ce choix :

37 %	8 Protecteur
16, 5 %	6 Loyal-sceptique
16 %	1 Perfectionniste
8 %	4 Romantique
7 %	7 Épicurien
6 %	9 Médiateur

Si vous avez choisi le paragraphe correspondant au protecteur, il y a 37 % de chances que votre choix soit le bon. Lisez la description détaillée du protecteur pour vérifier qu'elle vous convient. La description du type devrait vous éclairer sur la façon dont vous percevez le monde et ce que vous pouvez faire pour votre développement personnel.

Si vous n'êtes pas sûr que cette description vous corresponde, considérez alors votre deuxième ou troisième choix, ainsi que les autres types en relation avec le protecteur. Comparez ces types au protecteur à l'aide des pages de description et des pages de différenciation.

☞

DESCRIPTION DU TYPE 8

Proposition de base

Le principe fondamental que j'ai perdu de vue :	Tout le monde commence dans l'innocence, sans malice et est capable de percevoir la vérité des personnes et des événements.
La croyance par laquelle je l'ai remplacé :	Le monde est injuste et dur car ceux qui ont le pouvoir profitent des innocents.
Stratégie mise au point en cohérence avec cette croyance :	J'ai appris à devenir fort et puissant, en imposant ma propre vérité et en cachant ma vulnérabilité, dans le but de me protéger, de protéger mes semblables et d'obtenir leur respect. Je peux développer une énergie phénoménale et je fais confiance à mes réactions instinctives.

Caractéristiques principales

En fonction de ma stratégie, mon attention va vers :	Le pouvoir et le contrôle. La justice et à l'injustice. Les magouilles et les manipulations. Tout ce qui demande d'agir, là, maintenant.
Je place donc mon énergie dans :	Le contrôle de mon espace, la domination de tout ce qui est sur mon territoire. L'action directe, en allant au-devant des conflits. La politique du tout ou rien. La protection du faible et de l'innocent. Conquérir le respect en étant fort et juste.
Je fais tout pour éviter de :	Être faible, vulnérable, indécis ou dépendant. Perdre la face en présence de ceux que je respecte.
Mes points forts :	Le courage, la persévérance, l'équité, le pouvoir de décider et de protéger, l'affirmation de mes convictions. L'intensité, le sens de l'amitié, la magnanimité, la capacité de motiver les autres

Stress et colère

Ce qui me stresse :	Être incapable de corriger une injustice. Avoir à contrôler mon goût pour la confrontation et les difficultés que j'ai à le faire. M'exposer en niant la fatigue et la douleur.
Ce qui me met en colère :	La trahison. La manipulation. Les mauviettes. Ceux qui ne m'écoutent pas alors qu'il y a une tâche à accomplir. Les limites ou les lois injustes ou trop contraignantes. Les tentatives de me contrôler.
Nature de ma colère :	Ma colère s'exprime sans détour et de façon tonitruante sur le mode de l'affrontement militaire. Je peux aussi « présenter l'addition » (vengeance) à l'occasion.

Développement personnel

Le but ultime de mon développement :	Réaliser que le principe fondamental que j'ai perdu de vue est vrai et que la croyance que j'ai développée à sa place est le fruit de mes premières expériences et de ma nature.
Comment approfondir mon développement personnel :	Prendre conscience de ce qui m'anime et de l'impact que j'ai sur mon entourage. Considérer mon côté entier comme un moyen de nier ma vulnérabilité. Voir mes faiblesses comme une façon d'entrer en contact avec ma vulnérabilité. M'entraîner à écouter et à attendre avant d'agir afin de maîtriser mon impulsivité. Utiliser la juste puissance adaptée à chaque situation. M'offrir des moments de calme et de tranquillité. Apprendre à faire des compromis.

☞

© DUNOD. La photocopie non autorisée est un délit.

Ce qui entrave mon développement personnel :	Le refus d'être contrôlé et ne pas me rendre compte que je contrôle les autres. Vivre à un rythme tellement élevé qu'il épuise ceux qui m'entourent. Avoir des comportements trop impulsifs. Être dans le déni de mes peurs, mes faiblesses et de ma vulnérabilité. N'accorder aucune valeur à la tendresse et à la sensibilité que j'ai en moi.
Comment les autres peuvent encourager mon développement :	En tenant leurs positions. En restant fermes. En étant francs. En disant ce qu'ils pensent. En me révélant l'impact que j'ai sur eux. En m'encourageant quand je m'ouvre à la tendresse.

TYPE 9 : LE MÉDIATEUR

DÉTERMINATION DU TYPE 9

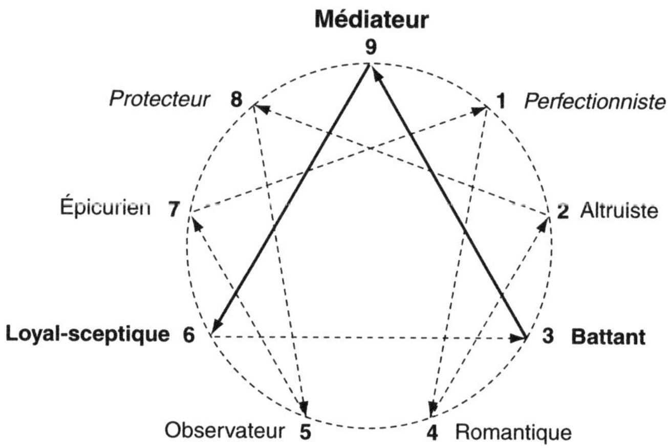

Types liés

Aile	8 Protecteur
Aile	1 Perfectionniste
Position de sécurité	3 Battant
Position de stress	6 Loyal-sceptique

Confusions possibles

2 Altruiste
4 Romantique
7 Épicurien

Probabilités

Sachant que le paragraphe du médiateur était leur premier choix, voici la répartition réelle du type des personnes ayant fait ce choix :

68 %	9 Médiateur
7 %	1 Perfectionniste
6 %	2 Altruiste
5 %	6 Loyal-sceptique
5 %	7 Épicurien

Si vous avez choisi le paragraphe correspondant au médiateur, il y a 68 % de chances que votre choix soit le bon. Lisez la description détaillée du médiateur pour vérifier qu'elle vous convient. La description du type devrait vous éclairer sur la façon dont vous percevez le monde et ce que vous pouvez faire pour votre développement personnel.

Si vous n'êtes pas sûr que cette description vous corresponde, considérez alors votre deuxième ou troisième choix, ainsi que les autres types en relation avec le médiateur. Comparez ces types au médiateur à l'aide des pages de description et des pages de différenciation.

☞

DESCRIPTION DU TYPE 9

Proposition de base

Le principe fondamental que j'ai perdu de vue :	Chacun de nous est le fruit de l'amour inconditionnel et de l'union avec l'univers.
La croyance par laquelle je l'ai remplacé :	Personne n'a d'importance, la seule façon de vivre confortablement consiste à se fondre dans la masse en privilégiant le sentiment d'appartenance au groupe.
Stratégie mise au point en cohérence avec cette croyance :	J'ai appris à m'oublier et à me confondre avec les autres. J'ai substitué à mes priorités des choses de moindre importance et des petits conforts.

Caractéristiques principales

En fonction de ma stratégie, mon attention va vers :	Les priorités, les demandes et les exigences de mon entourage. Tout ce qui m'interpelle autour de moi.
Je place donc mon énergie dans :	Être sensible à ce que les autres veulent et à leur faire plaisir. Faire en sorte que la vie soit facile, sans surprise, prévisible. Préserver le calme et la paix. Contenir ma colère. M'attacher à accomplir les tâches de moindre importance et qui me sont habituelles plutôt que de m'attaquer aux plus importantes et à celles qui pourraient déranger.
Je fais tout pour éviter :	Les conflits, la confrontation, le sentiment d'inconfort. Trop de requêtes soumises à mon attention et exigeant toute mon énergie.
Mes points forts :	L'attention aux autres. L'empathie. Mon aptitude à être un soutien. La tolérance. L'écoute. La loyauté. Ma capacité d'adaptation. Ma capacité d'accueil.

Stress et colère

Ce qui me stresse :

Avoir à prendre parti.
Dire non à quelqu'un et provoquer sa colère.
Avoir à décider à temps.
Hiérarchiser les priorités.
Faire face à un engagement que j'ai pris sans vraiment en avoir envie.

Ce qui me met en colère :

Que l'on ne m'accorde pas d'importance.
Sentir que les autres me contrôlent.
Être acculé à faire face à un conflit.

Nature de ma colère :

La résistance passive qui se manifeste par de l'entêtement ou de la résistance.
Des explosions occasionnelles.

Développement personnel

Le but ultime de mon développement :

Réaliser que le principe fondamental que j'ai perdu de vue est vrai et que la croyance que j'ai développée à sa place est le fruit de mes premières expériences et de ma nature.

Comment approfondir mon développement personnel :

Accorder de l'attention à mes besoins et à mon bien-être.
Prendre la colère comme le signe que je suis tenu à l'écart et me souvenir que cela a de l'importance pour moi.
Prendre conscience que je refoule mes émotions quand j'abandonne mes priorités au profit de succédanés comme la télévision, la nourriture, les courses, les corvées ménagères.
Prendre conscience que mes ruminations prolongées m'empêchent de dégager mes priorités et d'agir.
Accepter les positions inconfortables et le changement comme faisant partie de la vie.
M'aimer moi-même autant que j'aime les autres.

☞

Ce qui entrave mon développement personnel :	Avoir l'impression de ne pas compter. Avoir le sentiment que mes priorités ne valent pas la peine d'être prises en compte. Donner à toute chose une égale importance de sorte que mes priorités m'échappent. Éviter la gêne et l'inconfort que demande le changement.
Comment les autres peuvent encourager mon développement :	En m'encourageant à exprimer le fond de ma pensée. En me demandant ce que je veux et ce qui est bon pour moi, et en me laissant suffisamment de temps pour leur répondre. En m'accordant leur soutien quand j'agis de façon responsable envers moi-même. En me permettant d'identifier ma colère. En m'encourageant à fixer mes limites et mes priorités.

COMMENT FAIRE QUAND J'HÉSITE ENTRE DEUX TYPES ?

Comment différencier deux types entre lesquels vous hésitez ? Trois possibilités sont à considérer : 1. les types voisins : les deux types sont des ailes l'un pour l'autre ; 2. les types reliés par une flèche : ils sont en position de sécurité/de stress l'un pour l'autre ; 3. les types se ressemblant : les types présentent des similitudes mais ne sont pas liés.

Voici la totalité des 36 combinaisons possibles, reprenant pour chaque combinaison :

✓ les caractéristiques communes,
✓ les clés de différenciation.

TYPE 1

Voisins : types 1 et 2

Ces deux types partagent une certaine idée du don de soi, consacrent beaucoup de temps à améliorer le bien-être des autres, et savent facilement ce qui convient le mieux aux autres. Ils tendent à réprimer leurs propres besoins.

Les différences : le perfectionniste est concentré, parfois de façon inflexible, sur les besoins des autres à partir de déficiences à améliorer. L'altruiste s'attache aux besoins des autres, quitte à s'adapter pour rendre l'autre heureux. Ces deux types sont attachés à l'autosuffisance et à l'indépendance, mais l'altruiste, étant très attaché aux relations humaines, se trouve souvent submergé, s'étant rendu indispensable.

Ressemblances : types 1 et 3

Le battant et le perfectionniste peuvent avoir des similarités car tous deux sont des réalisateurs. Ils sont motivés par les objectifs et attachés à la réussite.

Les différences : alors que le perfectionniste agit en fonction de son esprit critique qui le pousse à l'exigence du « bien faire », le battant est plus « accro » au succès même si cela nécessite des compromis, des raccourcis, d'arrondir les angles. Par ailleurs, le battant aime que ses résultats soient connus et reconnus.

Stress/sécurité : types 1 et 4

Le perfectionniste est la position de sécurité du romantique, et le romantique est la position de stress du perfectionniste. Ils partagent un certain idéalisme, l'intensité de la vie, l'autocritique, le souci de s'améliorer, une grande sensibilité, l'intégrité et l'authenticité. En situation de stress, le perfectionniste peut tomber dans le découragement et se sentir déficient. Le romantique, en situation de sécurité, peut devenir critique et exigeant.

Les différences : l'idéalisme du perfectionniste concerne surtout une attitude correcte et intègre, l'idéalisme du romantique tourne autour de la quête de la réalisation de soi. De plus, le perfectionniste contrôle généralement ses émotions, jusqu'à supprimer ses désirs. Le romantique, pour sa part, passe par des périodes intenses de mélancolie, de désirs, de saveur de manque, parfois jusqu'à ne plus savoir comment en sortir.

Ressemblances : types 1 et 5

L'observateur et le perfectionniste ont en commun leur démarche intellectuelle, leur attitude de repli et d'intériorisation, leur volonté de vouloir comprendre ce qui se passe.

Cependant, alors que le perfectionniste est sérieux, fait abstraction de ses désirs, et est attaché à s'améliorer et à améliorer les autres, l'observateur se protège des intrusions et tente de conserver son énergie en s'éloignant de ses émotions.

Ressemblances : types 1 et 6

Le perfectionniste et le loyal-sceptique ont en commun d'être attentifs, anxieux, inquiets et résolus à comprendre ce qui se passe.

Les différences : le loyal-sceptique, en doutant, essaie de savoir ce qui pourrait mal tourner, quel pourrait être le vice de forme afin de préserver sa sécurité et ses convictions. Le perfectionniste, en jugeant et en comparant, tente d'éviter les erreurs, de trouver un moyen de réparer ce qui ne va pas afin d'éviter la critique et l'autocritique.

Stress/sécurité : types 1 et 7

Le perfectionniste est la position de stress de l'épicurien et l'épicurien est la position de sécurité du perfectionniste. Tous les deux sont idéalistes, recherchent un monde meilleur, dégagent une grande intensité, sont attentifs aux autres, et valorisent l'indépendance. En situation de sécurité, le perfectionniste peut relâcher son sens des responsabilités, s'accorder du plaisir, écouter ses désirs et retrouver son sens de l'humour. L'épicurien en situation de stress peut devenir critique, exigeant et déterminé.

Les différences : au fond, le plaisir n'est pas la principale valeur du perfectionniste, plutôt du genre austère. L'épicurien, lui est fondamentalement attaché à la recherche du plaisir, de la variété et de la sensualité. Le perfectionniste est donc quelqu'un de sérieux, capable de retenue et de modération, sachant limiter ses désirs. Par contraste, l'épicurien aime la vie, la légèreté : le monde est vaste, la vie est courte et sans limites.

Ressemblances : types 1 et 8

Le protecteur et le perfectionniste ont en commun de réagir viscéralement à ce qui n'est pas juste, et se sentent concernés par le droit, la justice, la vérité et l'équité.

Les différences : le protecteur fait état de ses convictions, exprime sa colère, et se met en action facilement si nécessaire.

© DUNOD. La photocopie non autorisée est un délit.

Le perfectionniste, pour sa part, refoule sa colère et ses impulsions, devient alors exaspéré et tendu jusqu'à ce que son sens de la morale lui permette d'exploser.

Voisins : types 1 et 9

Étant voisins (ailes), le perfectionniste et le médiateur ont des valeurs communes. Ils oublient facilement ou suppriment leurs propres besoins et désirs, apprécient la stabilité, l'organisation et une certaine routine, travaillent dur pour les autres avec le souci de l'harmonie et de ce qui est juste.

Les différences : le perfectionniste est relativement rigide sur ses valeurs, souhaite que les autres changent et s'améliorent. Le médiateur, pour sa part, s'adapte et s'accommode facilement du point de vue des autres, jusqu'à s'y perdre. Le perfectionniste est plutôt crispé sous la nécessité de faire changer les choses, alors que le médiateur avance en s'adaptant aux demandes et aux circonstances.

TYPE 2

Voisins : types 2 et 1

Voir ci-dessus, type 1.

Voisins : types 2 et 3

Étant voisins (ailes) et tous les deux des types à dominante émotionnelle, l'altruiste et le battant ont des points communs : centrés sur l'action, la réalisation, la motivation des autres, une certaine exubérance, le sens pratique, le besoin de reconnaissance, la capacité d'incarner la meilleure image possible pour l'interlocuteur.

Les différences : l'altruiste est plutôt centré sur les relations humaines, sur les sentiments et les besoins des autres. Le battant est capable de mettre de côté ses propres sentiments pour se concentrer sur les objectifs, la réussite et la reconnaissance de ses accomplissements.

Stress/sécurité : types 2 et 4

L'altruiste est la position de stress du romantique et le romantique est la position de sécurité de l'altruiste. Tous deux manifestent une sensibilité particulière aux sentiments, aux relations humaines, à rendre service, à l'intensité émotionnelle, à une vision romantique des choses, aux notions d'image et de reconnaissance. En situation de sécurité, l'altruiste est capable de se retrouver lui-même, de prendre conscience de sa vie intérieure, et contacte ainsi une fibre nostalgique et créative. Le romantique en situation de stress s'ouvre et devient plus attentionné.

Les différences : dans l'ensemble, l'altruiste est plus tourné vers les autres. Il met son énergie active au service des autres et peut aller jusqu'à oublier ses propres besoins pour satisfaire ceux des autres. Par contraste, le romantique fonctionne davantage en fonction de lui-même (référence interne). Il est attaché à démontrer sa différence, son authenticité dans la relation et est davantage sujet à des périodes de complet manque de confiance en soi.

Ressemblances : types 2 et 5

L'altruiste et l'observateur se ressemblent parfois : ils sont tous deux sensibles aux demandes et aux besoins de leurs proches, sont généreux et ne sont pas très sûrs de leurs propres sentiments.

Les différences : les périodes où l'observateur est généreux et attentif aux demandes de ses proches sont intermittentes et entrecoupées de moment de retrait, de retranchement afin de se recharger et de protéger les limites de son territoire. L'altruiste, au contraire, reste sur le mode du don de soi, en permanence dans un mode actif de satisfaire les besoins des autres, jusqu'à se perdre lui-même dans ce « tout pour l'autre ».

© DUNOD. La photocopie non autorisée est un délit.

Ressemblances : types 2 et 6

L'altruiste et le loyal-sceptique sont semblables en ce sens qu'ils sont tous deux chaleureux, amicaux, anxieux, attentionnés, s'en remettant à ce que les autres souhaitent, très attachants (ceci vaut surtout pour le 6 phobique).

Les différences : l'altruiste avance dans la vie avec une énergie active, centrée sur les besoins des personnes importantes de son entourage, se sentant souvent indispensable, investissant tout son être dans le don. Le loyal-sceptique tend à être sur la retenue, n'a de certitudes ni sur lui, ni sur les autres et fuit l'idée d'être indispensable. Le loyal-sceptique cherchera à gagner en sécurité et en certitude, plutôt qu'à se faire valoir.

Ressemblances : types 2 et 7

L'altruiste et l'épicurien ont en commun le fait d'être actifs, joyeux, pleins d'énergie, charmants, séduisants, « cools », sélectifs dans le choix de leurs relations, cherchant à être appréciés.

Les différences : l'épicurien garde son identité, raisonnant d'abord en fonction de lui-même, de ce qu'il aime, de ce qu'il désire, de ce dont il a besoin. L'altruiste, au contraire, est tourné vers les autres, d'abord préoccupé par ce que les autres aiment, désirent ou de ce dont ils ont besoin. L'épicurien peut facilement se perdre dans ses raisonnements intellectuels, contrairement à l'altruiste qui s'adapte en permanence pour satisfaire les attentes émotionnelles des autres.

Stress/sécurité : types 2 et 8

Le protecteur est la position de stress de l'altruiste et l'altruiste est la position de sécurité du protecteur. Tous les deux font preuve d'une grande activité, de générosité, d'affirmation de soi, ont le goût du pouvoir et peuvent se montrer intrusifs. L'altruiste, en situation de stress, devient plus direct et déterminé, capable d'exprimer sa colère et sachant instinctivement ce qu'il convient de faire. Le protecteur, en situation de sécurité, peut faire preuve de tendresse, de délicatesse, de sensibilité aux autres et devient capable d'exprimer ses sentiments.

Les différences : l'altruiste utilise son énergie pour aller vers les autres, s'adapter à eux pour leur faire plaisir, réprimant ses propres besoins. Par contraste, le protecteur utilise son énergie active pour foncer droit devant, intimidant les autres quand il exprime sa position, sa volonté, ses besoins.

Ressemblances : types 2 et 9

L'altruiste et le médiateur se ressemblent dans leur désir de satisfaire les besoins des autres. Ils vont au-devant des desiderata des autres, perdant de vue leurs propres besoins et priorités.

Les différences : l'altruiste est plus actif dans sa démarche de rendre service au point d'être dans une perpétuelle adaptation à l'autre. Le médiateur est plus réactif, acceptant de se laisser influencer par la demande du groupe. Il fusionne avec le consensus et agit pour que les choses se fassent en douceur, sans pour cela changer son image.

TYPE 3

Ressemblances : types 3 et 1

Voir ci-dessus, type 1.

Voisins : types 3 et 2

Voir ci-dessus, type 2.

Voisins : types 3 et 4

Étant voisins (ailes), le battant et le romantique se ressemblent par leur besoin de reconnaissance, l'importance de donner une bonne image, le désir d'intensité, le sens de la compétition et celui de la créativité ou de l'innovation.

Les différences : le battant tend à garder les yeux fixés sur l'objectif à atteindre, ce qui nécessite de mettre ses sentiments

© DUNOD. La photocopie non autorisée est un délit.

de côté et de s'adapter. Le romantique a du mal à maintenir le cap et la cadence sur un objectif à terme à cause de la profondeur et de l'intensité de ses émotions.

Ressemblances : types 3 et 5

Le battant et l'observateur ont des points communs. Ils sont tournés vers l'action, centrés sur les objectifs, et en même temps coupés de leurs émotions afin qu'elles ne les influencent pas. Les différences : l'observateur est plutôt mental et ses périodes d'activité sont entrecoupées de périodes de retrait qui lui permettent de se recharger et de décanter ses réflexions. Le battant est perpétuellement en activité, enthousiaste, droit sur l'objectif, préoccupé par l'image de battant qu'il aime donner.

Stress/sécurité : types 3 et 6

Le battant est la position de stress du loyal-sceptique, le loyal-sceptique est la position de sécurité du battant. Ils partagent tous les deux une bonne présentation, le sens pratique, un haut niveau d'activité, la capacité de travailler dur. Le battant, en situation de sécurité, se pose plus de questions, est plus réfléchi, et délègue plus facilement dans la confiance. Le loyal-sceptique, en situation de stress passe plus facilement à l'acte, a plus le sens de l'image, et devient plus exigeant en termes de résultats.

Les différences : le loyal-sceptique a besoin de se mobiliser pour l'action, de dépasser ses doutes et d'éventuels écueils. Le battant est capable de maintenir les yeux et la cadence fixés sur l'objectif. Le battant est très centré sur la réussite, la reconnaissance et les compliments. Par contraste, le loyal-sceptique n'est pas à l'aise avec honneurs et compliments, qui le rendent encore plus sceptique.

Ressemblances : types 3 et 7

Le battant et l'épicurien se ressemblent car ils sont actifs, affirmés, enthousiastes, tournés vers l'action, avec un emploi du temps surchargé, ils évitent tous les deux les sentiments négatifs. Les différences : l'épicurien est d'abord préoccupé par son propre plaisir, par son intérêt. Il a un sens développé de son bon droit surtout quand il s'agit de conserver ouvertes le maximum d'options possibles. Le battant a soif de réussir car sa propre estime passe par l'image qu'il donne et la reconnaissance de ses résultats.

Ressemblances : types 3 et 8

Le battant et le protecteur se ressemblent car ils sont tous deux autoritaires, déterminés, tournés vers l'action, attachés aux objectifs, désireux de prendre des responsabilités. Généralement compétents, ils inspirent confiance et peuvent par inadvertance marcher sur celui qui se mettrait en travers de leur chemin.

Les différences : le battant, tel un caméléon, sait changer de vitesse, de direction, voire d'opinion si l'atteinte de l'objectif en dépend. Le protecteur tend à camper sur ses positions, à devenir conflictuel, à exprimer sa colère directement. Pour le battant, la colère est le dernier recours, si aucune autre stratégie pour atteindre l'objectif n'a fonctionné.

Stress/sécurité : types 3 et 9

Le battant est la position de sécurité du médiateur, et le médiateur est la position de stress du battant. Ils partagent une bonne présentation, le sens pratique, le désir d'être apprécié, la compétence, le besoin d'un support ou d'une approbation externe. Le battant, en situation de stress, peut se laisser dériver vers des tâches secondaires et oublier son ambition et son image. Le médiateur, en situation de sécurité, devient plus centré sur ses propres objectifs, l'efficacité, l'image qu'il donne.

Les différences : le battant vit à rythme rapide, décide des objectifs et les atteint efficacement, devenant impatient face aux obstacles qui émergent. Le médiateur reprend à son compte les réflexions des autres sur son travail, ce qui le contraint à avancer à un rythme moins rapide.

© DUNOD. La photocopie non autorisée est un délit.

TYPE 4

Stress/sécurité : types 4 et 1

Voir ci-dessus, type 1.

Stress/sécurité : types 4 et 2

Voir ci-dessus, type 2.

Voisins : types 4 et 3

Voir ci-dessus, type 3.

Voisins : types 4 et 5

Étant voisins (ailes), le romantique et l'observateur se ressemblent. Tous les deux peuvent être introspectifs, intériorisés, sensibles, timides (tout en gardant un air supérieur), et analytiques. Selon l'influence de l'aile, certains romantiques apparaîtront plus détachés et certains observateurs plus sensibles.

Les différences : le romantique est le plus sentimental/émotionnel de tous les types. Au niveau affectif, il a toujours envie de plus et a du mal à ne pas dépendre du monde extérieur. Par contraste, l'observateur est le plus détaché de tous les types : il se contente de peu et est très conscient de son espace vital.

Ressemblances : types 4 et 6

Le romantique et le plus contrephobique des loyaux-sceptiques se ressemblent. Ils tendent à s'opposer, à remettre en cause les situations et à les amplifier. Ils s'opposent à l'autorité, prennent des risques, enfreignent les lois, défient le danger et ils ont des périodes de manque de confiance en eux.

Les différences : le loyal-sceptique ne veut pas se faire piéger par les émotions et les regrets, alors que le romantique les recherche. Il court après l'implication émotionnelle. Par ailleurs, le loyal-sceptique est vigilant à ce qui pourrait mal tourner tandis que le romantique a le goût de ce qui manque à sa quête d'absolu.

Ressemblances : types 4 et 7

Le romantique et l'épicurien se ressemblent car ils partagent l'intensité, l'idéalisme, recherchent une vie pleine d'aventures et stimulante. Ils vivent pleinement, conscients de ce qu'ils veulent, de ce qu'ils pensent et ce qu'ils ressentent.

Les différences : l'épicurien est le type le plus joyeux et le plus centré sur le plaisir. Il évite la souffrance et les émotions négatives aussi souvent que possible. Le romantique, au contraire, tend à accepter la mélancolie, les sentiments profonds, et considère la souffrance comme faisant partie de la vie.

Ressemblances : types 4 et 8

Le romantique et le protecteur se ressemblent car tous deux font preuve d'intensité, de profondeur, s'expriment de façon directe (voire flamboyante), ont beaucoup d'énergie, un désir d'authenticité, des tendances à l'intrépidité, à l'impulsivité, à la confrontation.

Les différences : le romantique va profondément dans ses sentiments, jusqu'à souvent sombrer dans l'inaction ou perdre le fil de ses objectifs. En revanche, le protecteur surmonte ses sentiments et poursuit l'action en cours avec toute sa puissance.

Ressemblances : types 4 et 9

Le romantique et le médiateur se ressemblent car tous deux sont attirés par les rapports humains, la communication, ils sont aussi attentionnés et empathiques. Ils peuvent se perdre dans les méandres des événements, se déprécier et perdre l'envie de recourir à l'action.

Les différences : le médiateur est essentiellement tourné vers les autres, il s'intègre de façon à conserver une vie exempte de sursaut et à éviter les conflits. En revanche, le romantique, d'abord préoc-

© DUNOD. La photocopie non autorisée est un délit.

cupé de lui-même, se sent unique et extraordinaire et peut sombrer dans des états émotifs profonds pour se sentir plus vivant.

TYPE 5

Ressemblances : types 5 et 1

Voir ci-dessus, type 1.

Ressemblances : types 5 et 2

Voir ci-dessus, type 2.

Ressemblances : types 5 et 3

Voir ci-dessus, type 3.

Voisins : types 5 et 4

Voir ci-dessus, type 4.

Voisins : types 5 et 6

Étant voisins (ailes), l'observateur et le loyal-sceptique partagent certains comportements. Les deux types peuvent être analytiques, réfléchis, pensifs, hésitants à passer à l'acte, voire rétractés (plus particulièrement le 6 phobique).

Les différences : l'observateur se détache ou réprime ses sentiments, compartimente les données, et tend à maîtriser sa réactivité. Par contraste, le loyal-sceptique réagit immédiatement aux situations, souvent intensément, sur la défensive, et a du mal à rationaliser ses peurs et ses doutes.

Stress/sécurité : types 5 et 7

L'observateur est la position de sécurité de l'épicurien et l'épicurien est la position de stress de l'observateur. Ils partagent : l'indépendance, l'évitement des sentiments douloureux, la soif de connaissance, l'inventivité, et le plaisir des idées et des concepts. L'observateur, en situation de stress, s'extériorise davantage et devient plus social, plus dans l'action. L'épicurien, en situation de sécurité, s'intériorise davantage, devient plus solitaire, réagissant davantage de l'intérieur.

Les différences : l'observateur essaie d'éviter désirs et besoins, de simplifier la vie, voire de la réduire au strict nécessaire afin de protéger son espace vital. Par contraste, l'épicurien recherche le positif, exprime ses désirs et ses besoins, progresse en expansion, repousse les limites.

Stress/sécurité : types 5 et 8

L'observateur est la position de stress du protecteur et le protecteur est la position de sécurité de l'observateur. Ils partagent : les notions de respect et de vérité, une résistance au contrôle, une possession de l'espace et des ressources, la curiosité. L'observateur, type à dominante mentale, passe plus facilement à l'acte en situation de sécurité. Dans cette situation, il a également une meilleure expression de ses désirs, ses sentiments et sa colère. Le protecteur, type à dominante instinctive, change en situation de stress : il se rétracte, s'isole et devient plus réfléchi.

Les différences : en général, l'observateur est plutôt rétracté, réservé et mesuré, conservant son énergie, réduisant ses besoins, réfléchissant avant d'agir. Par contraste, le protecteur est plutôt expansif, expressif, voire excessif, avec une énergie en expansion ; il exprime directement ses désirs et sa colère, allant jusqu'à réagir avant d'avoir pensé aux implications.

Ressemblances : types 5 et 9

L'observateur et le médiateur se ressemblent car ils peuvent sembler introvertis, privilégier leur univers intérieur, d'apparence tranquille jusqu'à devenir quasiment invisibles. Tous deux peuvent se mettre en retrait pour éviter de trop subir l'environnement.

© DUNOD. La photocopie non autorisée est un délit.

Les différences : l'observateur sait se détacher du groupe et établir des limites précises entre lui et les autres afin de se protéger. Le médiateur est moins apte à prendre ses distances : se mêler aux autres peut être la meilleure garantie de confort et d'harmonie. S'affirmer pourrait être source de conflit.

TYPE 6

Ressemblances : types 6 et 1

Voir ci-dessus, type 1.

Ressemblances : types 6 et 2

Voir ci-dessus, type 2.

Stress/sécurité : types 6 et 3

Voir ci-dessus, type 3.

Ressemblances : types 6 et 4

Voir ci-dessus, type 4.

Voisins : types 6 et 5

Voir ci-dessus, type 5.

Voisins : types 6 et 7

Étant voisins (ailes), le loyal-sceptique et l'épicurien peuvent partager certains comportements. Ils ont tous les deux une intelligence vive, fulgurante, analytique, imaginative, capable d'associer des idées sur différents plans.

Les différences : le loyal-sceptique tend à avoir un préjugé négatif sur une situation, imaginant les pires écueils. L'épicurien tend à avoir un préjugé positif sur une situation, projetant mille et une résultantes positives. Le loyal-sceptique apprécie les limites, ou les échéances et cherche à gagner en certitude. L'épicurien abhorre toute limite et cherche à multiplier les options. Le plaisir et les envies personnelles sont des priorités pour l'épicurien, alors qu'ils ne sont que secondaires pour le loyal-sceptique.

Ressemblances : types 6 et 8

Le plus contrephobique (rebelle) des loyaux-sceptiques et le protecteur ont en commun l'agressivité, le goût du défi et de l'affrontement. Ils semblent ne jamais avoir peur et s'engagent pour défendre une certaine justice. Le monde leur paraît imprévisible et hostile.

Les différences : le loyal-sceptique éprouve parfois de la peur et de l'hésitation devant l'action. Il a tendance à amplifier les dangers, il arrive même qu'il cède sous la pression provoquée par le doute grandissant. Au contraire, le protecteur réagit instinctivement, il agit sans hésiter, il nie ou sous-estime le danger et campe sur ses positions, niant toute vulnérabilité.

Stress/sécurité : types 6 et 9

Le loyal-sceptique est la position de stress du médiateur et le médiateur est la position de sécurité du loyal-sceptique. Ils peuvent être (surtout le loyal-sceptique phobique) facile à vivre, accommodants, aimables, désireux de plaire, effacés, sensibles, évitant le conflit. Le loyal-sceptique, en situation de sécurité, est plus à l'aise, plus détendu, acceptant plus facilement les vicissitudes de la vie. Le médiateur, en situation de stress, s'inquiète plus facilement, devient suspicieux et circonspect.

Les différences : alors que le loyal-sceptique garde une certaine distance, mentionnant les dangers éventuels, le médiateur se contente d'agir en fonction des demandes extérieures. Ainsi, le médiateur tend à avancer avant de tout vérifier, alors que le loyal-sceptique tend à vérifier l'état du terrain avant d'y progresser.

© DUNOD. La photocopie non autorisée est un délit.

TYPE 7

Stress/sécurité : types 7 et 1

Voir ci-dessus, type 1.

Ressemblances : types 7 et 2

Voir ci-dessus, type 2.

Ressemblances : types 7 et 3

Voir ci-dessus, type 3.

Ressemblances : types 7 et 4

Voir ci-dessus, type 4.

Stress/sécurité : types 7 et 5

Voir ci-dessus, type 5.

Voisins : types 7 et 6

Voir ci-dessus, type 6.

Voisins : types 7 et 8

Étant voisins (ailes), l'épicurien et le protecteur partagent certains comportements : une énergie active, l'indépendance, la foi dans son propre pouvoir et ses capacités, le goût du plaisir, l'expression facile de ses besoins et de ses désirs, le dégoût des limites et du contrôle, et peu de capacité de se restreindre.

Les différences : l'épicurien évite la souffrance, fuit ou rationalise les difficultés, évite le conflit, et planifie beaucoup les projets à venir. Le protecteur, pour sa part, fait face à la souffrance, n'a pas peur d'affronter les difficultés, se confronte facilement aux conflits, et vit la plupart du temps dans le présent.

Ressemblances : types 7 et 9

L'épicurien et le médiateur se ressemblent car ils ont tous deux une approche de la vie plaisante et joyeuse. Ils aiment que la vie coule gentiment et essaient d'éviter les conflits.

Les différences : l'épicurien est plus frénétique et plus vif que le médiateur, plus égal et au tempo plus lent. L'épicurien agit d'abord en fonction de lui-même, exprimant ses désirs, ses priorités et ses opinions. En revanche, le médiateur est davantage tourné vers les autres, jusqu'à repousser ou oublier ses propres désirs et priorités.

TYPE 8

Ressemblances : types 8 et 1

Voir ci-dessus, type 1.

Stress/sécurité : types 8 et 2

Voir ci-dessus, type 2.

Ressemblances : types 8 et 3

Voir ci-dessus, type 3.

Ressemblances : types 8 et 4

Voir ci-dessus, type 4.

Stress/sécurité : types 8 et 5

Voir ci-dessus, type 5.

© DUNOD. La photocopie non autorisée est un délit.

Ressemblances : types 8 et 6

Voir ci-dessus, type 6.

Voisins : types 8 et 7

Voir ci-dessus, type 7.

Voisins : types 8 et 9

Étant voisins (ailes), le protecteur et le médiateur partagent certains comportements. Ils apprécient tous les deux les plaisirs terrestres, réagissent avec leurs tripes, apprécient le confort, sont chaleureux et stables et peuvent, au gré des événements, dériver de leurs priorités essentielles.

Les différences : le protecteur accueille (presque avec plaisir) le conflit et la colère, le médiateur les évite. Le protecteur exprime et défend ses propres opinions ; le médiateur fait souvent référence aux opinions des autres au point d'oublier son propre point de vue. Il arrive au médiateur d'être indécis.

TYPE 9

Voisins : types 9 et 1

Voir ci-dessus, type 1.

Ressemblances : types 9 et 2

Voir ci-dessus, type 2.

Stress/sécurité : types 9 et 3

Voir ci-dessus, type 3.

Ressemblances : types 9 et 4

Voir ci-dessus, type 4.

Ressemblances : types 9 et 5

Voir ci-dessus, type 5.

Stress/sécurité : types 9 et 6

Voir ci-dessus, type 6.

Ressemblances : types 9 et 7

Voir ci-dessus, type 7.

Voisins : types 9 et 8

Voir ci-dessus, type 8.

VALIDER SON TYPE PAR SOI-MÊME

Quand vous estimez avoir trouvé votre type, vous pouvez confirmer votre décision avec les éléments suivants :

1. Quand je suis sous stress ou quand je me mobilise pour agir, est-ce que mon comportement s'accorde avec la description du type de la position de stress (le type désigné par le sens de la flèche) ?

2. Quand je me sens détendu(e), en bonne possession de mes moyens, est-ce que mon comportement s'accorde avec la description du type de la position de sécurité (à contresens de la flèche) ?

3. Est-ce que je possède certaines des caractéristiques de l'un des deux points ailes du type auquel je pense ?

VALIDER SON TYPE AVEC UN PROCHE

Une fois que vous avez découvert votre type, vous pouvez demander à quelqu'un qui vous connaît bien de faire le questionnaire pour vous et d'en discuter avec vous.

© DUNOD. La photocopie non autorisée est un délit.

CONSTRUIRE UNE MEILLEURE COMPRÉHENSION DE SOI ; L'OBSERVATION DE SOI, UNE CLÉ DANS LA DÉCOUVERTE DE VOTRE TYPE

Enfin, c'est en se regardant vivre que l'on découvre l'intérêt du type dans l'ennéagramme : comment fonctionne votre mental, ce que vous ressentez dans votre cœur et ce qu'exprime votre corps.

Une bonne façon de développer votre aptitude à vous observer est de vous concentrer sur votre respiration. Vous prendrez alors conscience de l'endroit où se porte votre attention : quelles sont les pensées qui vous habitent, les sentiments que vous éprouvez et les sensations corporelles que vous ressentez. Vous découvrirez plus clairement vos modes de fonctionnement et vos préoccupations. C'est probablement la meilleure façon de découvrir son type dans l'ennéagramme, car votre fonctionnement intérieur et vos préoccupations sont ce qui vous distingue des autres.

Au fur et à mesure que vous prendrez conscience de la façon dont vous faites usage de votre attention, vous apprendrez à la diriger là où bon vous semble. La capacité de s'observer est fondamentale pour développer et diriger sa conscience. En développant ces aptitudes, vous vous donnerez la possibilité d'élargir votre esprit et de regarder les autres avec plus de clarté et de tolérance.

Partie

II

DEUXIÈME ÉTAPE : QUE FAIRE UNE FOIS SON TYPE IDENTIFIÉ ?

Cette partie est divisée en deux sections principales :

1) un tronc commun aux neuf types de l'ennéagramme, sorte de *court traité de développement personnel* posant les principes de base : maîtriser sa respiration pour se « centrer », capacité indispensable pour se retrouver et maîtriser son corps, ses émotions et ses pensées ; les cinq principes généraux de l'ennéagramme et les neuf éléments favorisant le développement personnel et professionnel.

2) des *exercices* s'appliquant à chaque type de personnalité. Chacun d'eux vous donne des moyens pratiques de poursuivre votre développement personnel en fonction de votre profil.

Vous trouverez quatre exercices adaptés à chacun des neuf types. Ces exercices vous donnent l'occasion de devenir plus conscient de la façon dont votre personnalité fonctionne, de prendre des initiatives pour changer votre comportement habituel, pour prévoir et constater les progrès de votre développement personnel et réfléchir au but ultime de votre développement :

Exercice d'*attention* : cet exercice vous permet de développer l'observateur en vous et de vous concentrer sur un aspect clé de votre type.

Exercice de *passage à l'action* : cet exercice a pour but de changer le comportement habituel associé à votre type.

Exercice pour *prévoir et constater vos progrès* : cet exercice vous donne l'occasion de travailler sur une question centrale de votre type. C'est peut-être l'exercice le plus important du point de vue de votre développement personnel et professionnel.

Exercice de *réflexion* : cet exercice vous permet de récupérer le principe fondamental associé à votre type et de poursuivre la tâche ultime d'autodéveloppement de votre type.

SAVOIR RESPIRER ET SE RECENTRER

Nous vous proposons maintenant un exercice de respiration et de recentrage. C'est un outil clé, autant dans le cadre de votre développement personnel que professionnel. Cet exercice est conçu en vue de devenir plus attentif à vous-même, pour un retour au calme de votre esprit et enfin, pour développer votre concentration. Si vous le souhaitez, vous pouvez enregistrer les étapes décrites ci-après. Ainsi vous pourrez faire l'exercice en vous écoutant.

Vous pouvez y consacrer quelques minutes ou autant de temps qu'il vous plaira. Dans un premier temps, dix ou vingt minutes sont suffisantes. Naturellement, vous pouvez reprendre l'exercice respiratoire chaque fois que vous avez besoin de réduire votre réactivité et de vous recentrer. Quand vous utilisez l'exercice respiratoire comme introduction aux pratiques décrites plus loin dans ce chapitre, nous vous suggérons de vous limiter à quelques brefs instants.

LES CINQ ÉTAPES DE L'EXERCICE DE RESPIRATION

1. Asseyez-vous sur une chaise, jambes décroisées et pieds posés à plat sur le sol. Fermez les yeux pour ne pas être distrait par ce qui vous entoure.
2. Portez toute votre attention sur votre respiration et concentrez-vous sur le va et vient de l'air à l'inspir et à l'expir. Adoptez une attitude mentale réceptive. Suivez votre respiration et laissez votre corps se relâcher au rythme de chaque respiration. Votre respiration est une bonne référence interne, parce qu'elle est toujours là, à chaque moment. De plus, votre respiration vous permet de concentrer votre attention en toute neutralité, parce qu'elle n'a ni contenu ni emploi du temps qui lui appartiennent.

3. Au fur et à mesure que vous suivez votre respiration, laissez-la s'approfondir jusqu'à ce qu'elle semble disparaître dans le centre de gravité de votre corps. Cet ancrage intérieur est la base solide à partir de laquelle vous pouvez ouvrir votre cœur et être réceptif à vous-même et aux autres.
4. Quand votre attention s'éloigne de votre respiration pour suivre une pensée, un sentiment ou une sensation remarquez-le simplement. Puis, laissez votre attention revenir à votre respiration. En continuant à suivre votre respiration, vous vous libérez graduellement de vos préoccupations et réactions.
5. Pour terminer cet exercice, ramenez votre attention lentement et doucement à l'environnement extérieur. Prenez conscience que vous êtes assis sur la chaise, écoutez les sons autour de vous et enfin, ouvrez les yeux.

LES CINQ PRINCIPES GÉNÉRAUX DE L'ENNÉAGRAMME

Voici cinq principes généraux relatifs à l'ennéagramme. La maîtrise de ces cinq principes, comportant chacun trois composantes, peut sensiblement améliorer votre développement personnel et professionnel.

Après avoir lu chaque principe, prenez quelques minutes pour envisager la façon dont vous pourriez l'utiliser dans votre vie. Puis, pratiquez-les quotidiennement.

PREMIER PRINCIPE : LES TROIS LOIS DU COMPORTEMENT

1. Votre énergie suit votre attention, où qu'elle se porte, augmentant ou diminuant en fonction de la situation.
2. L'auto-observation vous permet de maîtriser votre attention. L'aptitude à vous observer est essentielle pour être capable d'agir sur votre attention et sur votre énergie et donc sur votre comportement.
3. Bien que l'auto-observation devienne plus facile avec le temps, elle ne devient jamais une habitude. L'auto-observation exige une pratique constante.

Ces trois lois constituent l'axe fondamental de la maîtrise de votre personnalité. Elles permettent d'enrichir votre vie personnelle et professionnelle en y apportant plus de sens et de satisfaction. La nature limitative des réactions d'une personnalité non maîtrisée mène souvent à des conflits, à la souffrance et même à des échecs dans les relations tant personnelles que professionnelles.

Utiliser les trois lois du comportement

Les jours où vous pratiquez, prenez quelques minutes à la fin de la journée pour passer en revue les questions suivantes. Si vous le souhaitez, vous pouvez noter vos observations dans un journal :

Comment s'est passée mon observation aujourd'hui ? Suis-je resté attentif aux endroits où se portaient mon attention et mon énergie ?

Quand j'ai réagi automatiquement à quelqu'un ou quelque chose, ai-je été capable de ramener ma conscience, de reprendre la direction de mon attention et de mon énergie ?

Comment puis-je m'exercer à améliorer la maîtrise de mon attention et de mon énergie demain ?

DEUXIÈME PRINCIPE : LES TROIS CENTRES DE L'INTELLIGENCE

Dans la psychologie et l'éducation occidentale, l'esprit a été promu « siège de l'intelligence ». Il y a pourtant une intelligence du cœur (l'intelligence émotionnelle) et une intelligence du corps (les sensations et l'instinct).

Ces trois intelligences : esprit, cœur et corps exigent d'être constamment exercées. Il est crucial, pour notre épanouissement, de reconnaître, développer et valoriser ces trois centres d'intelligence.

Dans l'ennéagramme, le triangle formé par les types 3, 6 et 9 représente ces trois centres d'intelligence. Chacun de ces trois types a deux types (ou ailes) adjacent(e)s, qui représentent les variations de ces types centraux, constituant ainsi des triades. Alors que tous les types sont reliés à des degrés différents aux trois centres d'intelligence, chacun des types entretient une solide relation avec un des trois centres - cœur, esprit ou corps en fonction de la triade à laquelle il appartient. Cela signifie que si votre type est dans la triade mentale (5, 6, 7) vous vous appuyez davantage sur l'esprit que sur le cœur ou le corps pour vous guider.

1. Le centre du cœur. Si vous appartenez à un type « cœur » - soit 2, 3 ou 4 - vous avez tendance à percevoir le monde à travers le filtre de l'intelligence émotionnelle. Vous êtes habitué à percevoir l'humeur et l'état affectif de votre entourage, ce qui vous permet de maintenir un sentiment de relation avec eux. Vous avez besoin de l'approbation et de la reconnaissance des autres pour nourrir votre confiance en vous et avoir le sentiment d'être aimé. Pour obtenir cette approbation et reconnaissance, vous créez une image de vous qui amène les autres à vous accepter et à vous voir comme quelqu'un de spécial. Bien sûr, les types « cœur » ne sont pas les seuls à dépendre de l'intelligence émotionnelle, tous les types en dépendent pour développer des qualités du centre « cœur », à savoir : l'empathie, la compréhension, la compassion et la gentillesse.
2. Le centre mental. Si vous appartenez à un type « mental » - 5, 6, 7 - vous êtes enclin à percevoir le monde « cérébralement ». Cette stratégie vise à minimiser l'angoisse, à maîtriser des situations potentiellement douloureuses et à acquérir une forme de sécurité grâce au processus mental permettant d'analyser, d'envisager, d'imaginer et de planifier. Bien sûr, tous les types ont recours à l'intelligence mentale pour développer les qualités du centre mental comme la sagesse, le savoir, l'intuition et le sérieux.
3. Le centre du corps. Si vous appartenez à un type « corps » - 8, 9 ou 1 - votre perception du monde privilégie l'intelligence kinesthésique, les sensations physiques et l'instinct. Vous utilisez votre position personnelle et votre pouvoir pour que la vie soit comme vous pensez qu'elle devrait être. Vous créez des stratégies qui consolident votre place dans le monde et diminuent l'inconfort. Bien sûr, tous les types et pas seulement ceux appartenant au centre « corps » ont recours à l'intelligence du corps pour avoir l'énergie nécessaire à l'action, pour évaluer le pouvoir nécessaire en fonction des situations et pour se sentir incarnés.

Utiliser les trois centres de l'intelligence

Les jours où vous pratiquez, prenez quelques minutes à la fin de la journée pour passer en revue les questions suivantes. Si vous le souhaitez, vous pouvez noter vos observations dans un journal :

1. Étant donné mon centre d'intelligence privilégié, comment ai-je cultivé mes trois centres d'intelligence aujourd'hui ?

© DUNOD. La photocopie non autorisée est un délit.

2. De quelle façon ai-je illustré les qualités de chaque centre d'intelligence aujourd'hui ?
3. Selon ma propre estimation, quelle qualité est-il nécessaire que je cultive demain ?

TROISIÈME PRINCIPE : LES TROIS FORCES DE VIE

Consciemment ou inconsciemment, nous utilisons tous trois forces de vie, et toutes trois nous sont inhérentes.

1. La force active, qui procure l'énergie pour l'action et l'expression. Tout ce que vous faites et accomplissez dans le monde matériel utilise la force active. La force active permet à vos pensées, vos sentiments et votre imagination de s'exprimer. La culture occidentale valorise particulièrement cette force. Cette force active est également appelée force créative ou positive, parce qu'elle fait que les choses se font.
2. La force réceptive, qui accueille, traite et digère tous les stimuli que reçoivent nos sens. Elle est vitale pour comprendre et apprécier le monde dans lequel nous vivons, pour communiquer et pour agir correctement. Les cultures occidentales ont tendance à subordonner la force réceptive à la force active et même à la dévaloriser. On fait parfois référence à la force réceptive en tant que force de compréhension, parce qu'elle reçoit et digère les impressions. On dit aussi qu'il s'agit de la force négative, parce qu'elle contre et réagit à la force active. La force réceptive est prérequise par la troisième force : la force de réconciliation.
3. La force de réconciliation, qui est la force de la conscience. Elle permet de maintenir en juste proportion la force active et la force réceptive, de les équilibrer et de les harmoniser. En cela, la force de réconciliation est la force maîtresse que vous devez développer pour être capable de conduire des actions justes. On dit souvent que de la force de réconciliation nous préserve ; on l'appelle aussi la force neutre car elle n'a pas de position en soi, mais elle équilibre les deux autres forces.

Dans la tradition chrétienne, la prière de sérénité parle précisément de ces trois forces :
« Seigneur Dieu, donne-moi le courage de changer les choses que je peux changer (force active), la sérénité d'accepter les choses que je ne

peux pas changer (force réceptive) et la sagesse de faire la distinction entre les deux (force de réconciliation). »

Maîtriser ces trois forces suppose que nous soyons capables de les reconnaître et que nous comprenions comment elles interagissent. Vous devez vous efforcer, tous les jours, de devenir conscient et d'équilibrer votre force active et votre force réceptive.

Équilibrer les trois forces de vie

Les jours où vous pratiquez, prenez quelques minutes au début de la journée pour vous relaxer et faire les exercices de respiration. Puis, répétez-vous une de ces deux affirmations :

Aujourd'hui, je vais m'exercer à être réceptif aux autres et conscient de mon expérience intérieure comme guide de mes actions.

Aujourd'hui, je vais m'exercer à être conscient de ma force active et de ma force réceptive, et faire en sorte de les équilibrer.

De temps à autre, au cours de la journée, arrêtez-vous sur l'affirmation que vous avez décidé de répéter. Nous proposons que vous alterniez les deux affirmations d'un jour sur l'autre.

QUATRIÈME PRINCIPE : LES TROIS COMPORTEMENTS DE SURVIE

L'évolution humaine requiert trois types de comportement de survie, appelés sous-types dans l'ennéagramme : le sous-type d'autopréservation, le sous-type social et le sous-type intime.

Chaque type de personnalité de l'ennéagramme inclut les trois formes de survie qu'ils représentent. Bien que chacun manifeste les trois sous-types à des degrés différents, l'un d'entre eux est dominant.

1. Le sous-type d'autopréservation. Votre attention et votre énergie sont attirées par les questions de survie personnelle comme la sécurité, le confort, la protection et les ressources de base.

© DUNOD. La photocopie non autorisée est un délit.

2. Le sous-type social. Votre attention et votre énergie sont mobilisées par des questions relatives à la communauté, à l'appartenance au groupe, comme le rôle, le statut, l'acceptation sociale, l'appartenance, la participation et la camaraderie.
3. Le sous-type intime. Votre attention et votre énergie s'investissent dans les questions relatives aux relations intimes, comme les liens affectifs, les relations sexuelles, la séduction, la proximité, l'union et la fusion.

Il est important d'avoir conscience que ces trois sous-types sont actifs dans notre vie et combien parfois ils déterminent notre comportement. On peut décider d'un objectif consistant à équilibrer leur rôle de sorte qu'aucun ne domine votre vie. Un autre objectif découlant de cette conscience consiste à accepter que les autres soient différents de vous. Sans la conscience de l'influence des préoccupations de ces sous-types, vous pouvez constater un déséquilibre dans l'investissement de votre énergie, des malentendus et des conflits peuvent surgir lorsque les préoccupations des autres diffèrent des vôtres.

Développer la conscience des sous-types

Les jours où vous pratiquez, prenez quelques minutes pour réfléchir aux questions suivantes relatives aux comportements des sous-types. Souvenez-vous que les comportements des trois sous-types sont présents dans votre vie. Notez vos réponses dans un journal, si vous le souhaitez.

1. Comment le sous-type de l'autopréservation, le sous-type social ou le sous-type intime se manifestent-ils dans ma vie, lequel a tendance à dominer ?

2. Comment la préoccupation liée à mon sous-type entrave-t-elle mes relations, et de quelle façon en bénéficient-elles ?

3. Que dois-je faire ou cesser de faire en rapport avec les sous-types, pour apporter plus d'équilibre à ma vie ?

CINQUIÈME PRINCIPE : LES TROIS NIVEAUX DE CONNAISSANCE ET DE PROGRÈS

Nous avons tous trois façons d'apprendre et de connaître et il est utile de pouvoir les différencier. Bien que les niveaux les plus élevés demandent plus d'aptitudes, chacun a son importance.

1. La connaissance basée sur les habitudes de votre esprit : l'augmentation de savoir. Ce niveau de connaissance et de progrès est lié à votre type de personnalité et conditionné par les croyances centrales et le style d'attention de votre type. Ce niveau d'apprentissage intervient presque automatiquement au travers des cinq sens. Il réclame peu de conscience personnelle parce qu'il est basé sur les pensées, les sentiments et les sensations habituelles de votre type. Une fois votre type de personnalité identifié, vous pouvez utiliser de nombreuses stratégies pour promouvoir votre croissance personnelle. Voir la section « développement personnel » des pages de description pour obtenir la liste des stratégies.
2. La connaissance basée sur la conscience : l'apprentissage constructeur. Ce niveau de connaissance et d'apprentissage demande que vous observiez consciemment vos pensées, sentiments et sensations. Vous avez plus de liberté de choix si vous restez conscient des biais générés par les croyances centrales de votre type, de vos stratégies de survie et de votre style d'attention. Ce niveau de connaissance vous demande de questionner et d'examiner vos considérations habituelles et de remplacer vos réactions automatiques par des choix faits consciemment et délibérément. Pour travailler à ce niveau de connaissance et de progrès, vous devez intégrer tout ce qui figure dans les pages de description des types et aux pratiques comportementales figurant dans cette section.
3. La connaissance directe : l'apprentissage transformationnel. Le troisième niveau de connaissance et de progrès s'appuie sur l'énergie spécifique de votre type et l'utilise comme agent de transformation pour transcender votre type, ses croyances centrales, sa stratégie et son style d'attention. La connaissance directe est basée sur un niveau de conscience qui permet à l'action de précéder et non de suivre les pensées habituelles, les sentiments et les sensations de votre type. La connaissance directe exige que vous acceptiez de faire l'expérience de votre vie sans vous fonder sur une position fixe ou sur une identité établie. Cela demande que vous preniez une attitude ouvertement réceptive, que vous

© DUNOD. La photocopie non autorisée est un délit.

lâchiez les biais de votre type de personnalité. Dans cette posture, votre curiosité intellectuelle et votre ouverture émotionnelle vous permettent de faire l'expérience de votre vie directement, sans passer par les distorsions ou biais de votre type. L'ennéagramme vous donne des pistes appropriées pour aborder ce travail de transformation. Maîtriser ce niveau de connaissance et de progrès est le travail d'une vie et une démarche entièrement volontaire. « Le but ultime de mon développement » dans les pages de description des types ainsi que les exercices décrits dans cette section vous donnent une vue d'ensemble des tâches de transformation.

LES NEUF COMPOSANTES DU DÉVELOPPEMENT PERSONNEL ET PROFESSIONNEL

Commencez le travail de développement personnel et professionnel en vous recentrant, de sorte que vous puissiez vous auto-observer. Devenez conscient de la façon dont votre énergie suit le placement de votre attention, de vos préoccupations courantes et de la façon dont votre comportement en découle. Utilisez votre conscience pour apprendre à contenir votre énergie plutôt que de la décharger comme vous le faites habituellement. Apprenez à convertir votre énergie en conduite consciente.

Les « 9 C », listés ci-après, sont essentiels à l'efficacité et à l'efficience de votre travail de développement personnel et professionnel, à votre complétude et à votre bien-être.

1. Centrez-vous. Centrez-vous en pratiquant l'exercice de respiration pendant quelques instants.

2. Cultivez votre conscience. Cultivez votre conscience en vous-même en utilisant l'auto-observation pour découvrir vos préoccupations courantes.

3. Collectez votre énergie. Collectez votre énergie et ramenez-la en vous, dans le centre de gravité de votre corps chaque fois qu'elle essaie de revenir à ses réactions habituelles.

4. Contenez votre énergie. Contenez votre énergie en concentrant votre attention, en faisant l'expérience de vos sentiments, au lieu de la laisser fuir d'une façon habituelle déterminée par votre type.

5. Considérez le sens de vos réactions habituelles. Considérez le sens de vos réponses automatiques en utilisant l'observation de soi et la réflexion.

6. Convertissez votre énergie en conduite consciente. Convertissez vos réponses habituelles en conduite consciente en utilisant votre conscience pour vous guider et vous encourager à mettre en place des actions plus saines.

7. Compassion. Manifestez de la compassion en adoptant une attitude attentionnée et bienveillante vis-à-vis de vous-même et des autres.

8. Conséquences. Considérez les conséquences ou les effets de votre conduite consciente en constatant l'impact de votre conduite sur vous et les autres.

9. Clarifiez. Gagnez en clarté dans le processus de développement personnel et professionnel en y réfléchissant et en intégrant les huit précédents éléments de développement.

Vous pouvez utiliser ce processus en neuf points quel que soit votre type de personnalité, simplement en faisant porter votre attention sur les questions et les dilemmes de votre type. Quand vous avez des difficultés avec une étape, mettez encore plus d'attention pour la maîtriser.

EXERCICES POUR LE PERFECTIONNISTE (TYPE 1)

Nous vous recommandons de commencer en choisissant de travailler un exercice particulier avant de passer aux suivants. Il vous faudra au moins une semaine de pratique avant d'enregistrer des progrès. Nous vous suggérons de noter dans un journal votre travail et votre avancement.

EXERCICE D'ATTENTION

Accordez une attention particulière à l'aspect dominant de vos critiques et à leurs exigences incessantes. Arrêtez-vous plusieurs fois par jour pendant quelques instants pour réfléchir aux questions suivantes :

1. Comment ai-je critiqué les autres ?
2. Comment me suis-je moi-même critiqué ?
3. La voix de cette critique a-t-elle été constante ?
4. Comment me suis-je senti face à mon autocritique ?
5. De quelle façon cette autocritique a-t-elle affecté mon comportement ?

EXERCICE DE PASSAGE À L'ACTION

Souvenez-vous que les perfectionnistes ont tendance à être dominés par les diktats de leur critique intérieure pour toujours faire ce qui est correct et responsable. Ils finissent par se couper de leurs besoins personnels, de leurs désirs naturels et du plaisir.

Aussi, chaque jour consciemment et délibérément, prévoyez du temps pour vos besoins personnels et vos désirs naturels, ainsi que pour des activités apportant du plaisir. Réservez un laps de temps incontournable pour ces activités.

Prenez acte de l'instant où la résistance interne se manifeste, lorsque vous vous autorisez des choses qui vous font plaisir. Utilisez cette résistance pour continuer.

Afin de vérifier l'utilité de cet exercice pour vous, remarquez si ce travail contribue à un meilleur équilibre de votre vie. Souvenez-vous que les perfectionnistes peuvent se laisser entraîner par les responsabilités et le travail au point d'en oublier la notion de plaisir.

EXERCICE POUR PRÉVOIR ET CONSTATER VOS PROGRÈS

Prévoir

Le matin, au lever, pratiquez les exercices respiratoires quelques instants afin de vous recentrer. Puis dites-vous :

1. Aujourd'hui, je vais m'entraîner à accepter mes erreurs et celles des autres comme faisant partie de la vie.
2. Je vais m'entraîner à apprécier différents points de vue, différentes valeurs et différentes façons de faire les choses. Je peux le faire si je lâche le ressentiment quand il apparaît et si je pardonne.
3. Je vais faire en sorte d'apporter harmonie et équilibre entre le travail et le plaisir dans ma vie.

Quand vous faites cet exercice, adoptez la position qui consiste à être convaincu que ce que vous prévoyez est déjà vrai pour vous.

Constater les progrès

Le soir, prenez quelques minutes pour examiner vos progrès du jour. Demandez-vous, le cœur et l'esprit ouverts :

1. Comment ai-je fait aujourd'hui pour accepter les erreurs et les fautes ?
2. Comment ai-je apprécié les différences ?
3. Comment ai-je pardonné ?
4. De quelle façon ai-je expérimenté le sens de l'harmonie, de l'équilibre entre travail et plaisir ?

Utilisez ce que vous avez appris de cet exercice pour guider vos pensées et vos actions demain.

EXERCICE DE RÉFLEXION

Une fois par semaine, au moins, isolez-vous dans un endroit calme et prenez le temps de réfléchir et de contempler le principe fondamental et la tâche ultime des perfectionnistes. L'endroit idéal pour cet exercice est à l'extérieur, dans un environnement naturel.

Le principe fondamental que les perfectionnistes ont perdu de vue et dont ils ont besoin de se souvenir est que nous sommes tous « un et unique et parfait comme nous sommes ».

En conséquence, la tâche ultime des perfectionnistes est de connecter un autre mode de perfection en s'appuyant sur le fait que la vie est bonne comme elle est, qu'elle n'est pas divisée entre bon et mauvais comme les perfectionnistes la perçoivent. Il est plus facile d'accomplir cette tâche ultime si vous acceptez les différences et les fautes, si vous faites l'expérience de la compassion et du pardon envers vous et les autres et si vous vous autorisez à prendre du temps pour vous relaxer et pour jouir de la vie.

Puis explorez ce que faire entrer ces vérités dans votre vie signifie pour vous.

EXERCICES POUR L'ALTRUISTE (TYPE 2)

Nous vous recommandons de commencer en choisissant de travailler un exercice particulier avant de passer aux suivants. Il vous faudra au moins une semaine de pratique avant d'enregistrer des progrès. Nous vous suggérons de noter dans un journal votre travail et votre avancement.

EXERCICE D'ATTENTION

Prêtez une attention particulière à la façon dont votre attention et votre énergie sont centrées sur les besoins et les sentiments des autres. Arrêtez-vous plusieurs fois par jour, pendant quelques instants, pour réfléchir aux questions suivantes :

1. Quelle masse d'attention et d'énergie ai-je mis en œuvre pour répondre aux désirs, aux besoins et aux sentiments des autres ?
2. Combien de temps ai-je investi dans la satisfaction des besoins des autres ?
3. Qu'ai-je fait quand je me suis aperçu que quelqu'un avait besoin de mon aide ?
4. De quelle façon me suis-je adapté pour satisfaire les besoins des autres ?

EXERCICE DE PASSAGE À L'ACTION

Rappelez-vous que les altruistes pensent qu'ils doivent satisfaire les besoins des autres afin d'en retirer de l'approbation et de l'amour.

Aussi, chaque jour, faites un effort conscient pour vous demander ce que vous voulez pour vous et pour les autres. Décidez de considérer vos besoins comme prioritaires.

Notez quand un sentiment d'égoïsme et de culpabilité se manifeste pour vous empêcher de prendre soin de vous ou de demander aux autres ce dont vous avez besoin. Considérez alors l'émotion qui monte en vous comme le signe que vous n'accordez pas assez d'attention à vos désirs et à vos besoins.

Vérifiez l'efficacité de cet exercice sur vous, notez si vous vous sentez nourri, pris en compte. Souvenez-vous que les altruistes ont une puissante tendance à réprimer leurs propres besoins et à s'absorber dans la satisfaction des besoins des autres.

EXERCICE POUR PRÉVOIR ET CONSTATER VOS PROGRÈS

Prévoir

Le matin, au lever, pratiquez les exercices respiratoires quelques instants afin de vous recentrer. Puis dites-vous :

1. Aujourd'hui, je vais m'entraîner à donner et à recevoir de façon égale, au fur et à mesure que mes besoins et que les besoins des autres m'apparaissent. Pendant cet entraînement, je vais garder mon cœur ouvert et généreux.
2. Je vais prendre du temps pour développer mon indépendance et mon autonomie, me faire plaisir, et veiller à mon bien-être aussi consciencieusement que je veille aux intérêts et au bien-être des autres.

Quand vous faites cet exercice, adoptez la position qui consiste à être convaincu que ce que vous prévoyez est déjà vrai pour vous.

CONSTATER LES PROGRÈS

Le soir, prenez quelques minutes pour examiner vos progrès du jour. Demandez-vous, le cœur et l'esprit ouverts :

1. Comment ai-je fait aujourd'hui pour donner et recevoir de façon égale ?
2. Comment ai-je vécu le fait d'être autant ouvert et généreux envers moi-même qu'envers les autres ?
3. Ai-je pris le temps de satisfaire mes intérêts et mes besoins ?

Utilisez ce que vous avez appris de cet exercice pour guider vos pensées et vos actions demain.

EXERCICE DE RÉFLEXION

Une fois par semaine, au moins, isolez-vous dans un endroit calme et prenez le temps de réfléchir et de contempler le principe fondamental et la tâche ultime des altruistes. L'endroit idéal pour cet exercice est à l'extérieur dans un environnement naturel.

Le principe fondamental que les altruistes ont perdu de vue et dont ils ont besoin de se souvenir est que les besoins de chacun sont également et librement satisfaits.

En conséquence, la tâche ultime des altruistes consiste à réaliser qu'être aimé et approuvé ne dépend ni du besoin de nous qu'ont les autres, ni de la quantité de ce que nous donnons aux autres. Il est plus facile d'accomplir cette tâche ultime si vous réalisez qu'accorder de l'attention à vos désirs et à vos besoins personnels d'une part, et recevoir ce dont vous avez besoin de la part des autres d'autre part, est aussi important que de prendre soin des désirs et des besoins des autres.

Puis explorez ce que faire entrer ces vérités dans votre vie signifie pour vous.

EXERCICES POUR LE BATTANT (TYPE 3)

Nous vous recommandons de commencer en choisissant de travailler un exercice particulier avant de passer aux suivants. Il vous faudra au moins une semaine de pratique avant d'enregistrer des progrès. Nous vous suggérons de noter dans un journal votre travail et votre avancement.

EXERCICE D'ATTENTION

Prêtez attention à vos sentiments et à votre tendance à les mettre de côté au profit de l'action immédiate. Arrêtez-vous plusieurs fois par jour quelques minutes et réfléchissez aux questions suivantes :

1. Quels sentiments ont surgi en moi depuis j'ai cessé de tout contrôler ?
2. Dans quelles tâches ai-je investi mon énergie quand ces sentiments ont surgi ?
3. Comment m'y suis-je pris pour éviter ou stopper ces sentiments ?

EXERCICE DE PASSAGE À L'ACTION

Rappelez-vous que, souvent, les battants arrêtent ou évitent les sentiments, parce que ceux-ci semblent entraver l'action.

Aussi, chaque jour faites un effort conscient pour ralentir le rythme de votre travail et de votre vie en général.

Prenez note de votre énergie forcenée, de votre sens de l'urgence, de votre impatience et de vos préoccupations concernant les choses à faire. Sachant que vous avez tendance à vouloir tout faire vite, arrêtez-vous quelques instants et respirez profondément et lentement. Laissez votre attention suivre votre respiration au centre de votre corps et loin des exigences du monde. Puis, dans cet état plus calme, décidez-vous à adopter un rythme plus modéré.

Pour évaluer les bénéfices de cet exercice sur vous, observez si vous prenez le temps d'être conscient de vos sentiments et d'écouter les autres. Souvenez-vous que les battants peuvent être concentrés sur des buts multiples et sur l'obtention de résultats de sorte qu'ils ont tendance à ne laisser passer ni leurs sentiments ni ce que les autres essaient de leur communiquer.

EXERCICE POUR PRÉVOIR ET CONSTATER VOS PROGRÈS

Prévoir

Le matin, au lever, pratiquez les exercices respiratoires quelques instants afin de vous recentrer. Puis dites-vous :

1. Aujourd'hui, je vais garder à l'esprit qu'obtenir que les choses soient faites ne dépend pas seulement de mes propres efforts.
2. Je vais m'exercer à lâcher prise par rapport à l'activité constante et devenir plus conscient de ce que j'ai vraiment besoin de faire.
3. Dans le même temps, je vais essayer de rester en contact avec mes sentiments en les laissant me guider.

Quand vous procédez à cet exercice, adoptez la position qui consiste à être convaincu que ce que vous prévoyez est déjà vrai pour vous.

Constater les progrès

Le soir, prenez quelques minutes pour examiner vos progrès du jour. Demandez-vous, le cœur et l'esprit ouverts :

1. Comment ai-je fait aujourd'hui pour distinguer entre ce que je dois laisser de côté et ce que je dois faire ?

2. Dans quelle mesure ai-je été réceptif à mes sentiments et comment ai-je réussi à maintenir un rythme en harmonie avec mes sentiments ?

Utilisez ce que vous avez appris de cet exercice pour guider vos pensées et vos actions du lendemain.

EXERCICE DE RÉFLEXION

Une fois par semaine, au moins, isolez-vous dans un endroit calme et prenez le temps de réfléchir et de contempler le principe fondamental et la tâche ultime des battants. L'endroit idéal pour cet exercice est à l'extérieur dans un environnement naturel.

Le principe fondamental que les battants ont perdu de vue et dont ils ont besoin de se souvenir est que tout se réalise naturellement en accord avec les lois universelles, pas seulement par la volonté de celui qui fait. En conséquence, la tâche ultime du battant est de savoir que la reconnaissance et l'amour viennent de qui vous êtes, pas de ce que vous faites. Cette tâche ultime est plus facile à réaliser si vous prenez conscience que l'accomplissement permanent n'est pas le but de la vie.

Puis explorez ce que faire entrer ces vérités dans votre vie signifie pour vous.

EXERCICES POUR LE ROMANTIQUE (TYPE 4)

Nous vous recommandons de commencer en choisissant de travailler un exercice particulier avant de passer aux suivants. Il vous faudra au moins une semaine de pratique avant d'enregistrer des progrès. Nous vous suggérons de noter dans un journal votre travail et votre avancement.

EXERCICE D'ATTENTION

Accordez une attention particulière au temps que vous passez à déplorer ce qui vous manque et à attendre que vous soit donné ce qui vous paraît essentiel et qui n'est pas présent dans votre vie. Arrêtez-vous plusieurs fois par jour quelques minutes et réfléchissez aux questions suivantes :

1. Qu'est-ce qui m'a déçu ?
2. Qu'est-ce qui m'a semblé insuffisant dans ma vie ?
3. Mon attention a-t-elle été dominée par ce qui m'apparaît spécial ou idéal, mais indisponible ? Qu'est-ce qui m'est apparu parfait et sans aucun défaut ?

EXERCICE DE PASSAGE À L'ACTION

Souvenez-vous que les romantiques s'absorbent tellement dans ce qui serait idéal mais inaccessible qu'ils ont tendance à passer à côté de ce qu'il y a de positif dans le présent.

Aussi, chaque jour embrassez et appréciez consciemment les expériences ordinaires de la vie de tous les jours. Appréciez les petites choses, comme les tâches quotidiennes, les rencontres « normales » avec les autres, et la beauté qui nous entoure.

Si vous vous rendez compte que votre attention se fixe sur ce qui manque, si les choses telles qu'elles sont font monter en vous un sentiment de déception, utilisez cette expérience pour revenir au présent et pour donner du sens à ce qui est ordinaire.

Pour évaluer les résultats de cet exercice, notez si vous trouvez le présent plus satisfaisant et moins décevant. Souvenez-vous que les romantiques, du fait de leur attention absorbée par le passé ou investie dans un futur idéal, parviennent difficilement à apprécier la vie quotidienne.

EXERCICE POUR PRÉVOIR ET CONSTATER VOS PROGRÈS

Prévoir

Le matin, au lever, pratiquez les exercices respiratoires quelques instants afin de vous recentrer. Puis dites-vous :

1. Aujourd'hui, je vais m'exercer à vivre un équilibre émotionnel et à poursuivre mes activités, en dépit des états d'âme que je ressens.
2. Dans le même temps, je vais éviter de me laisser dominer par les émotions ou par la déception, et apprécier au contraire ce qui est positif et chargé de sens dans la vie de tous les jours.

Quand vous faites cet exercice, adoptez la position qui consiste à être convaincu que ce que vous prévoyez est déjà vrai pour vous.

Constater les progrès

Le soir, prenez quelques minutes pour examiner vos progrès du jour. Demandez-vous, le cœur et l'esprit ouverts :

1. Comment m'y suis-je pris aujourd'hui pour apprécier ce qui est présent et satisfaisant dans ma vie au lieu de me lamenter sur ce qui est absent ou décevant ?
2. Ai-je maintenu mes actions malgré mes états d'âme ?
3. Ai-je évité de me laisser absorber par des sentiments d'envie ?
4. Ai-je éprouvé un sentiment de complétude ?

Utilisez ce que vous avez appris de cet exercice pour guider vos pensées et vos actions demain.

EXERCICE DE RÉFLEXION

Une fois par semaine, au moins, isolez-vous dans un endroit calme et prenez le temps de réfléchir et de contempler le principe fondamental et la tâche ultime des romantiques. L'endroit idéal pour cet exercice est à l'extérieur dans un environnement naturel.

Le principe fondamental que les romantiques ont perdu de vue et dont ils ont besoin de se souvenir est que chacun a une relation profonde à tous les autres et à toutes les choses. En conséquence, la tâche ultime des romantiques consiste à prendre conscience que le sentiment de complétude et d'amour vient de la capacité d'apprécier ce qui est présent ici et maintenant. Cette tâche ultime est plus facile si vous prenez conscience que le sentiment de manque est la conséquence d'une idéalisation du passé et du futur qui vous empêche de vous concentrer sur les satisfactions du présent.

Puis explorez ce que faire entrer ces vérités dans votre vie signifie pour vous.

EXERCICES POUR L'OBSERVATEUR (TYPE 5)

Nous vous recommandons de commencer en choisissant de travailler un exercice particulier avant de passer aux suivants. Il vous faudra au moins une semaine de pratique avant d'enregistrer des progrès. Nous vous suggérons de noter dans un journal votre travail et votre avancement.

EXERCICE D'ATTENTION

Accordez une attention particulière à la façon dont vous limitez votre engagement affectif en vous détachant de vos sentiments et en vous désengageant par rapport aux autres. Arrêtez-vous plusieurs fois par jour pour examiner les questions suivantes :

1. Comment me suis-je arrangé pour limiter mon engagement émotionnel ?
2. De quelle façon ai-je évité mes sentiments et ceux des autres ?
3. Quand les autres ont exprimé leurs sentiments me suis-je retiré et réfugié dans mon esprit ?

EXERCICE DE PASSAGE À L'ACTION

Souvenez-vous que les observateurs s'éloignent souvent de leurs sentiments et prennent du recul parce qu'ils craignent que les autres ne fassent intrusion dans leur vie et exigent trop d'eux.

Aussi, chaque jour faites un effort conscient pour développer le sens de l'abondance. Agissez en adoptant la position qui consiste à croire qu'il y a des ressources et de l'énergie à foison. Donnez plus de vous-même et acceptez de prendre davantage du monde qui vous entoure.

Observez et contrôlez votre tendance à vous retirer pour préserver votre énergie. Remarquez quand vous réagissez en vous rétractant et utilisez cela comme un signal pour rester présent et relié.

Pour évaluer les effets de cet exercice sur vous, notez si vous restez plus près de vos sentiments et plus engagé auprès des autres plutôt que de vous retirer comme vous en avez l'habitude. Souvenez-vous que le sens de l'abondance est opposé à la perception instinctive des observateurs, qui sont préoccupés par la rareté et la déperdition d'énergie dans un monde qui leur semble prendre beaucoup et donner trop peu.

EXERCICE POUR PRÉVOIR ET CONSTATER VOS PROGRÈS

Prévoir

Le matin, au lever, pratiquez les exercices respiratoires quelques instants afin de vous recentrer. Puis dites-vous :

1. Aujourd'hui, je vais m'exercer à rester présent à ce qui se passe autour de moi.
2. Je vais m'entraîner à rester en relation avec les autres et avec mes propres sentiments.
3. Dans le même temps, je vais observer ma tendance à me retirer et à m'isoler en la combattant.

Quand vous faites cet exercice, adoptez la position qui consiste à être convaincu que ce que vous prévoyez est déjà vrai pour vous.

Constater les progrès

Le soir, prenez quelques minutes pour examiner vos progrès du jour. Demandez-vous, le cœur et l'esprit ouverts :

1. Comment ai-je fait, aujourd'hui, pour rester présent dans le courant de la vie ?
2. Comment ai-je fait pour rester en contact avec les autres et avec mes sentiments ?
3. Comment ai-je évité d'avoir recours à ma tendance à l'autopréservation et à l'isolement ?

Utilisez ce que vous avez appris de cet exercice pour guider vos pensées et vos actions demain.

EXERCICE DE RÉFLEXION

Une fois par semaine au moins, isolez-vous dans un endroit calme et prenez le temps de réfléchir et de contempler le principe fondamental et la tâche ultime des observateurs. L'endroit idéal pour cet exercice est à l'extérieur dans un environnement naturel

Le principe fondamental que les observateurs ont perdu de vue et dont ils ont besoin de se souvenir est qu'il y a suffisamment de connaissance et d'énergie pour tout le monde.

En conséquence, la tâche ultime des observateurs est de rester engagés dans le courant de la vie, en prenant et donnant librement. Cette tâche ultime est plus aisée si vous réalisez qu'en restant en relation avec vos sentiments et avec les autres, vous ne dépensez pas d'énergie mais, qu'au contraire, vous vous rechargez.

Puis explorez ce que faire entrer ces vérités dans votre vie signifie pour vous.

EXERCICES POUR LE LOYAL-SCEPTIQUE (TYPE 6)

Nous vous recommandons de commencer en choisissant de travailler un exercice particulier avant de passer aux suivants. Il vous faudra au moins une semaine de pratique avant d'enregistrer des progrès. Nous vous suggérons de noter dans un journal votre travail et votre avancement.

EXERCICE D'ATTENTION

Observez particulièrement la façon dont votre attention et votre énergie se mobilisent sur des scénarios catastrophes, et combien vous sélectionnez en priorité les informations porteuses de charges négatives et de possibilités délétères. Arrêtez-vous plusieurs fois par jour pour réfléchir aux questions suivantes :

1. Quels schémas pessimistes me sont venus à l'esprit ?
2. Comment ai-je été attentif, soucieux, prudent ou stimulé ?
3. Par quels doutes et par quels scénarios catastrophes ai-je été préoccupé ?

EXERCICE DE PASSAGE À L'ACTION

Rappelez-vous que le loyal à tendance à douter et à craindre le pire parce qu'il a perdu confiance en lui et dans les autres.

Aussi chaque jour, faites un effort conscient pour prendre les actions appropriées en dépit du doute et de la peur. Faites face à ce qui semble être hasardeux, ne l'évitez pas (phobie) mais ne le défiez pas non plus (contrephobie).

Quand vous vous sentez plein d'appréhension, anxieux ou effrayé (phobique) - ou tendu, excité, prêt à tous les défis (contrephobique) - centrez-vous et ancrez-vous dans la réalité en respirant profondément. Puis, lancez-vous dans l'action, en vous rappelant qu'il n'est pas nécessaire que la peur ait disparu pour agir.

Pour évaluer les bienfaits de cet exercice pour vous, prêtez attention à la façon dont vous agissez, sans devoir d'abord disperser la peur ou sans valider de manière excessive vos actions. Souvenez-vous que les loyalistes évitent habituellement les situations hasardeuses (phobie) ou s'y jettent la tête la première (contrephobie). Afin d'affronter le doute et la peur, les 6 phobiques recherchent la sécurité, tandis que les 6 contrephobiques défient la sécurité. Les personnalités de type 6 répondent soit par la fuite, soit par l'affrontement au danger qu'ils perçoivent.

EXERCICE POUR PRÉVOIR ET CONSTATER VOS PROGRÈS

Prévoir

Le matin, au lever, pratiquez les exercices respiratoires quelques instants afin de vous recentrer. Puis dites-vous :

1. Aujourd'hui, je vais m'exercer à agir en ayant foi en moi et en faisant confiance aux autres, exactement comme le ferait une personne qui possède ces qualités.
2. Dans le même temps, je vais agir sans avoir ni preuve ni certitude sur l'issue de mes actions, mais en croyant en mes propres ressources.

Quand vous faites cet exercice, adoptez la position qui consiste à être convaincu que ce que vous prévoyez est déjà vrai pour vous.

Constater les progrès

Le soir, prenez quelques minutes pour examiner vos progrès du jour. Demandez-vous, le cœur et l'esprit ouverts :

1. Comment m'y suis-je pris aujourd'hui pour avoir foi en moi et pour faire confiance aux autres ?
2. De quelles façons suis-je entré dans l'action sans avoir préalablement dispersé la peur et sans avoir la certitude de l'issue de mes actions ?
3. De quelle manière ai-je focalisé mon attention sur ce qui est positif ?

Utilisez ce que vous avez appris de cet exercice pour guider vos pensées et vos actions du lendemain.

EXERCICE DE RÉFLEXION

Une fois par semaine, au moins, isolez-vous dans un endroit calme et prenez le temps de réfléchir et de contempler le principe fondamental et la tâche ultime des loyalistes. L'endroit idéal pour cet exercice est à l'extérieur dans un environnement naturel.

Le principe fondamental que les loyaux-sceptiques ont perdu de vue et dont ils ont besoin de se souvenir est que nous avons tous la capacité d'avoir foi en nous, dans les autres et dans le monde.

En conséquence, la tâche ultime des loyaux-sceptiques est d'autant plus facile qu'ils acceptent de calmer peur et doute quand ils apparaissent, qu'ils continuent à aller de l'avant alors que peur et doute persistent, et qu'ils acceptent l'incertitude comme faisant partie de la vie.

Puis explorez ce que faire entrer ces vérités dans votre vie signifie pour vous.

EXERCICES POUR L'ÉPICURIEN (TYPE 7)

Nous vous recommandons de commencer en choisissant de travailler un exercice particulier avant de passer aux suivants. Il vous faudra au moins une semaine de pratique avant d'enregistrer des progrès. Nous vous suggérons de noter dans un journal votre travail et votre avancement.

EXERCICE D'ATTENTION

Remarquez combien vous investissez votre attention et votre énergie pour planifier des possibilités positives et vous apporter du plaisir. Arrêtez-vous plusieurs fois par jour quelques instants pour vous poser les questions suivantes :

1. Comment, face à quelque chose de négatif, mon attention et mon énergie se sont-elles tournées vers des activités nouvelles et intéressantes ?
2. Comment ai-je contourné les frustrations ?
3. Sur quelles options ai-je déplacé mon attention et mon énergie ?

EXERCICE DE PASSAGE À L'ACTION

Souvenez-vous que les épicuriens essaient d'éviter la peur, la souffrance et les limites en créant de multiples options positives. Mais finalement, les épicuriens se limitent en se dégageant de tout ce qui pourrait ressembler à de la peur ou à de la souffrance.

Chaque jour, exercez-vous consciemment à poursuivre les actions pour lesquelles vous vous êtes engagé, à assumer les responsabilités que vous avez prises, et cela malgré les désagréments et les frustrations que vous pourrez rencontrer.

Reconnaissez votre tendance à fuir tout ce qui est limitant et négatif. Remarquez la façon dont vous trouvez de bonnes raisons et de bonnes alternatives pour éviter de faire ce que vous ne voulez pas faire. Remarquez quand quelque chose (comme cet exercice) commence à vous paraître frustrant et limitant. Prenez cela pour un signal et restez là alors que s'installe l'inconfort et continuez ce que vous avez commencé.

Pour vérifier l'efficacité de cet exercice sur vous, remarquez si vous remplissez davantage vos engagements et vos responsabilités, particulièrement celles que vous trouvez fastidieuses, frustrantes ou déplaisantes. Notez comment vous vous sentez par rapport à cela. Souvenez-vous que les épicuriens adoptent une stratégie consistant à voir la vie toujours optimiste et illimitée, ce qui les pousse à rationaliser pour s'éloigner des responsabilités leur paraissant désagréables et frustrantes.

EXERCICE POUR PRÉVOIR ET CONSTATER VOS PROGRÈS

Prévoir

Le matin, au lever, pratiquez les exercices respiratoires quelques instants afin de vous recentrer. Puis dites-vous :

1. Aujourd'hui, je vais m'exercer à garder mon attention et mon énergie fixées dans le moment présent, quels que soient les frustrations et les sentiments déplaisants que la vie me réservera.
2. Je vais aussi m'exercer à penser aux autres et pas seulement à mon propre agenda.
3. Dans le même temps, je vais accepter la vie dans toutes ses manifestations ici et maintenant, et rester attentif à ma tendance à investir mon attention et mon énergie pour imaginer d'autres options et faire des projets.

Quand vous faites cet exercice, adoptez la position qui consiste à être convaincu que ce que vous prévoyez est déjà vrai pour vous.

Constater les progrès

Le soir, prenez quelques minutes pour examiner vos progrès du jour. Demandez-vous, le cœur et l'esprit ouverts :

1. Comment ai-je réussi à garder mon attention et mon énergie dans le moment présent ?
2. Comment ai-je réussi à garder à l'esprit le bien-être des autres et pas seulement le mien ?
3. Comment ai-je réussi à honorer mon engagement de faire cet exercice ?

Utilisez ce que vous avez appris de cet exercice pour guider vos pensées et vos actions du lendemain.

EXERCICE DE RÉFLEXION

Une fois par semaine, au moins, isolez-vous dans un endroit calme et prenez le temps de réfléchir et de contempler le principe fondamental et la tâche ultime des épicuriens. L'endroit idéal pour cet exercice est à l'extérieur dans un environnement naturel.

Le principe fondamental que les épicuriens perdent de vue et dont ils ont besoin de se souvenir est que la vie propose d'innombrables possibilités qui doivent toutes être expérimentées avec concentration.

En conséquence, la tâche ultime des épicuriens est d'accepter que la vie, pour être complète, offre d'innombrables possibilités d'accéder à la joie, à la peine, au plaisir, à la souffrance, et d'aussi nombreuses occasions de rencontrer des opportunités que des limites. Cette tâche ultime est d'autant mieux accomplie que vous acceptez la vie complètement dans le moment présent, en restant ancré dans la réalité en dépit des émotions inconfortables et des tâches fastidieuses.

Puis explorez ce que faire entrer ces vérités dans votre vie signifie pour vous.

EXERCICES POUR LE PROTECTEUR (TYPE 8)

Nous vous recommandons de commencer en choisissant de travailler un exercice avant de passer aux suivants. Il vous faudra au moins une semaine de pratique avant d'enregistrer des progrès. Nous vous suggérons de noter dans un journal votre travail et votre avancement.

EXERCICE D'ATTENTION

Portez votre attention sur l'impact positif et sur l'impact négatif de votre énergie sur les autres. Arrêtez-vous plusieurs fois dans la journée quelques minutes pour considérer les questions suivantes :

1. Comment mon énergie et la façon dont je m'exprime ont-elles eu un effet sur les autres ?
2. De quelles façons ai-je évoqué la résistance et la confrontation ?
3. Ai-je poussé certains à reculer devant moi ou à se retirer en eux-mêmes ?
4. De quelle façon ai-je été excessif ?
5. Trop bruyant ?
6. Trop envahissant ?

EXERCICE DE PASSAGE À L'ACTION

Souvenez-vous que les protecteurs ont une grande, puissante énergie qui apparaît souvent excessive ou démesurée aux autres, et cela même quand ils en retiennent une partie. Les protecteurs ne sont pas conscients que leur impact peut paraître écrasant aux autres.

Aussi, chaque jour, faites un effort conscient pour modérer votre urgence à exprimer en actions directes vos désirs, votre sens de la justice et de la vérité.

Prenez conscience que votre impatience d'agir vient de vos tripes, de votre corps. Contenez votre impulsion d'agir pendant que vous en considérez les possibles conséquences. Demandez-vous si une approche plus modérée ne serait pas plus appropriée.

Pour vérifier la valeur de cet exercice pour vous, remarquez si vous respectez les limites et les positions des autres. Souvenez-vous que les protecteurs adoptent une approche de type tout ou rien concernant les autres, ce qui leur rend la modération difficile.

EXERCICE POUR PRÉVOIR ET CONSTATER VOS PROGRÈS

Prévoir

Le matin, au lever, pratiquez les exercices respiratoires quelques instants afin de vous recentrer. Puis dites-vous :

1. Aujourd'hui, je vais m'exercer à aborder les situations en étant plus ouvert aux différentes positions et à l'énergie différente des autres.
2. Je vais m'entraîner à être plus conscient et à mieux accepter ma propre vulnérabilité et ma tendresse.
3. Je vais le faire en admettant que le déni de ma vulnérabilité et de ma tendresse est une habitude profondément ancrée qui me dessert.

Quand vous faites cet exercice adoptez la position qui consiste à penser que ce que vous prévoyez est déjà vrai pour vous.

Constater les progrès

Le soir, prenez quelques minutes pour examiner vos progrès du jour. Demandez-vous le cœur et l'esprit ouverts :

1. Comment ai-je réussi à aborder chaque situation en étant ouvert aux différentes positions et à l'énergie des autres ?
2. Qu'ai-je fait pour accepter ma vulnérabilité et ma tendresse ?

Utilisez ce que vous avez appris de cet exercice pour guider vos pensées et vos actions du lendemain.

EXERCICE DE RÉFLEXION

Une fois par semaine, au moins, isolez-vous dans un endroit calme et prenez le temps de réfléchir et de contempler le principe fondamental et la tâche ultime des protecteurs. L'endroit idéal pour cet exercice est à l'extérieur dans un environnement naturel.

Le principe fondamental que les protecteurs perdent de vue et dont ils ont besoin de se souvenir est que, fondamentalement, nous sommes tous innocents, dépourvus de ruse et que nous pouvons accéder à la vérité.

En conséquence, la tâche ultime des protecteurs est de récupérer leur innocence originelle afin d'aborder toutes les situations sans préjugé, sans peser de façon excessive et en prenant conscience que la vérité est régie par des lois universelles, qu'elle n'est pas le produit d'une vision personnelle. Cette tâche ultime est d'autant plus facile à accomplir que vous approchez chaque situation avec l'énergie appropriée et avec un égal respect pour vous et les autres.

Puis explorez ce que faire entrer ces vérités dans votre vie signifie pour vous.

EXERCICES POUR LE MÉDIATEUR (TYPE 9)

Nous vous recommandons de commencer en choisissant de travailler un exercice avant de passer aux suivants. Il vous faudra au moins une semaine de pratique avant d'enregistrer des progrès. Nous vous suggérons de noter dans un journal votre travail et votre avancement.

EXERCICE D'ATTENTION

Considérez la façon dont votre attention et votre énergie s'investissent, puis se dispersent dans toutes les demandes qui vous sont faites, vous conduisant ainsi à l'indécision et à la suradaptation. Arrêtez-vous plusieurs fois par jour, quelques instants, pour examiner les questions suivantes :

1. De quelles façons les êtres et les choses qui m'entourent sont-ils entrés en rivalité pour attirer mon attention ?
2. Dans quelle mesure ai-je été indécis ?
3. De quelle manière me suis-je ajusté aux emplois du temps et au plan des autres ?
4. Comment me suis-je laissé absorber par des tâches secondaires ou sans importance ?

EXERCICE DE PASSAGE À L'ACTION

Souvenez-vous que les médiateurs ont tendance à accorder leur attention à tout ce qui existe autour d'eux, ce qui leur permet de se fondre et d'éprouver un sentiment d'appartenance. Ce sentiment d'appartenance donne aux médiateurs un sentiment d'importance, qu'ils ont oublié.

Donc, chaque jour faites un effort conscient pour diriger votre attention vers ce qui est important pour vous et pour utiliser votre énergie pour vos propres priorités, et cela malgré l'inconfort ou le conflit que cette attitude peut susciter.

Remarquez que l'inconfort se manifeste à vous sous la forme d'un malaise dans vos entrailles. Soyez conscient qu'en vous laissant distraire par l'emploi du temps des autres et qu'en accordant votre attention à des petits plaisirs ou à des tâches d'importance secondaire, vous alléger l'inconfort. Faites de votre mieux pour laisser tomber ces stratégies, pour rester présent à vous, pour reconnaître votre importance en tant qu'individu et pour vous exprimer dans ce sens.

Afin de vérifier la valeur de cet exercice pour vous, notez si vous suivez votre propre emploi du temps et si cela restaure le sentiment de votre importance en tant qu'individu. Évaluez la façon dont vous faites face aux situations de conflit ou d'inconfort. Gardez à l'esprit que les médiateurs ont tendance à éviter les conflits et à rechercher le confort comme stratégie pour faire face à la croyance que leurs priorités et leurs opinions sont sans importance.

EXERCICE POUR PRÉVOIR ET CONSTATER VOS PROGRÈS

Prévoir

Le matin, au lever, pratiquez les exercices respiratoires quelques instants afin de vous recentrer. Puis dites-vous :

1. Aujourd'hui, je vais m'exercer à m'aimer de la même façon que j'aime les autres.
2. Je vais m'entraîner à apprécier mes propres qualités.
3. Lorsque je prendrai une décision, j'accorderai autant d'importance à mon opinion qu'à celle des autres.
4. Je peux le faire en fixant mes propres priorités et en respectant mes propres limites.

Quand vous faites cet exercice, adoptez la position qui consiste à penser que ce que vous prévoyez est déjà vrai pour vous.

Constater les progrès

Le soir, prenez quelques minutes pour examiner vos progrès du jour. Demandez-vous le cœur et l'esprit ouverts :

1. Comment ai-je exprimé de l'amour envers moi-même aujourd'hui ?
2. Comment me suis-je considéré ?
3. Comment me suis-je débrouillé pour définir mes propres priorités et les mener à bien ?
4. Me suis-je estimé comme étant aussi important que les autres ?

Utilisez ce que vous avez appris de cet exercice pour guider vos pensées et vos actions du lendemain.

Exercice de réflexion

Une fois par semaine, au moins, isolez-vous dans un endroit calme et prenez le temps de réfléchir et de contempler le principe fondamental et la tâche ultime des médiateurs. L'endroit idéal pour cet exercice est à l'extérieur dans un environnement naturel.

Le principe fondamental que les médiateurs ont perdu de vue et dont ils ont besoin de se souvenir est que nous baignons tous dans un état d'amour inconditionnel et d'union. De sorte que la tâche ultime des médiateurs est de retrouver cet amour inconditionnel et le sens de leur importance par rapport aux autres. Il vous sera plus facile d'accomplir cette tâche si vous accordez l'attention nécessaire à vos priorités, à votre position et si vous agissez dans le but d'assurer votre bien-être et celui des autres.

Puis explorez ce que faire entrer ces vérités dans votre vie signifie pour vous.

REMERCIEMENTS

Cet ouvrage est fondé sur la tradition orale développée par Helen Palmer, dont nous apprécions chaque jour l'aide, les conseils éclairés et les encouragements.

Accessible à tous, il vous aide à découvrir votre base parmi les neuf types de personnalité de l'ennéagramme. Précis, il analyse les probabilités, et fiable, il donne des clés pour différencier les types.

Nous remercions tous ceux qui ont eu la gentillesse de participer au développement de ce questionnaire-test, plus particulièrement les animateurs de stages selon la tradition orale, qui ont évalué le type de centaines de personnes.

Merci à Judy Daniels, M. Dawn, Peter Enemark, Ghassan Gandhour, Michael Menke et Kit Snyder.

Merci aussi à Robb Most de Mind Garden, mon premier éditeur, à l'équipe d'Harper San Francisco : John London, Terri Leonard et Kris Ashley.

BIBLIOGRAPHIE

Salmon Éric, *ABC de l'ennéagramme – Reconnaître les différentes forces qui nous animent*, Éditions Jacques Grancher, 1997

Palmer Helen, *L'ennéagramme pour mieux se connaître et comprendre les autres*, Éditions Vivez Soleil, 1995

Palmer Helen, *L'ennéagramme au travail et en amour,* Éditions de l'Homme, 1996

Palmer Helen avec Paul Brown, *La force de l'ennéagramme – Savoir mettre en action les ressources humaines,* InterEditions, 2003

MÉTHODE STATISTIQUE UTILISÉE

Nous avons élaboré chaque paragraphe selon une logique provenant du travail théorique d'Helen Palmer et David Daniels. Chaque paragraphe comporte des éléments sur :

1. la perception du monde de ce type ;
2. le mode d'attention ;
3. les travers mental et émotionnel dominants ;
4. les préoccupations centrales ;
5. les attributs positifs.

Nous avons demandé à des représentants de chaque type de relire et de réviser leurs paragraphes respectifs afin de s'assurer que ces paragraphes étaient cohérents avec leur expérience de vie. Nous avons alors contrôlé les modifications pour vérifier que la nouvelle version était théoriquement juste et toujours socialement recevable. Nous avons alors établi la validité de ce questionnaire en le testant auprès de 970 personnes, lesquelles se sont engagées à suivre des stages ou à participer à des entretiens de détermination du type. Ces personnes ne connaissaient pas leur type avant de lire le questionnaire et ne connaissaient rien à l'ennéagramme. 65 % étaient des femmes, 35 % des hommes. Nous avons alors comparé chaque auto-évaluation avec deux critères clés :

1. le diagnostic émis par un animateur certifié qui ne connaissait pas le résultat de l'auto-évaluation ;
2. la réévaluation de chaque personne après avoir suivi l'équivalent de dix semaines de stage sur l'ennéagramme.

Les deux critères produisirent des résultats semblables. Ces résultats ont été utilisés pour indiquer, en fonction de chaque choix, la probabilité que le lecteur ait fait le bon choix parmi les neuf paragraphes. Nous avons analysé les résultats pour chacun des neuf paragraphes séparément. Chaque paragraphe, ou type de personnalité, a donc sa propre probabilité. La page de détermination du type montre la validité de chaque paragraphe. Par exemple, le paragraphe du perfectionniste a 66 % de chance de validité. Cela signifie que les deux tiers des gens qui ont choisi le paragraphe du perfectionniste en premier lieu ont également été identifiés sur ce type soit par un animateur certifié au cours d'un entretien structuré ou par leur propre réévaluation à la fin d'une formation complète.

Il arrive que le choix se porte non sur le vrai type, mais sur un type ressemblant (voir page de différenciation) ou sur l'un des quatre types connectés au type de base (deux voisins + deux flèches). C'est ainsi que nous avons également calculé la probabilité d'être l'un des huit autres types, lorsqu'il s'avérait que l'auto-évaluation n'était pas juste. Les pages de détermination montrent le résultat de ces analyses. Par exemple, 8 % des sujets ayant choisi le paragraphe du perfectionniste se sont finalement avérés être de la dominante romantique, 8 % de la dominante loyal-sceptique, 7 % de la dominante altruiste, 5 % de la dominante médiateur. Les 6 % restant se répartissant sur les quatre types restant.

Ainsi, les pages de détermination du type vous donnent la probabilité que le type que vous avez choisi soit le bon. Ces pages listent également les probabilités que soyez sur tel ou tel autre type. Les pages de détermination du type comportent des instructions pas à pas pour vous aider à tester la justesse de vos choix.

Nous avons alors procédé aux analyses statistiques suivantes. Nous avons analysé chaque paragraphe du questionnaire en termes de sensitivité, spécificité, valeur prévisible des positifs, valeur prévisible des négatifs, efficacité du questionnaire et test Kappa de Cohen en rapport avec la corrélation des intraclasses. Nous avons procédé aux statistiques Kappa au travers des neuf échelons comme mesure de la concordance générale du test. La validité du questionnaire mesurée par la congruence des réponses des personnes testées avec les critères de référence a été significative. Le Kappa général pour tout le questionnaire s'élève à 0, 5254 (P<0, 0001) et établit donc un degré significatif de concordance. Toutes les analyses d'échantillons individuels ont également démontré une concordance ou une corrélation intraclasses significative à P<0, 0001. Nous avons conduit une analyse de fiabilité avec un petit groupe de candides (N=62) parmi des étudiants universitaires. Nous avons donné des versions du questionnaire avec les paragraphes dans un ordre différent à quatre semaines d'intervalle sans aucune introduction à l'ennéagramme et sans introduire aucun autre élément. L'analyse a également révélé une concordance significative, Kappa=0, 589 (P<0, 0001).

VALIDITÉ DE LA VERSION FRANÇAISE

Les paragraphes existent depuis 1994, année de leur traduction par le Centre d'Études de l'Ennéagramme (voir coordonnées en annexe).

Nous avons respecté autant que faire se peut la séquence logique de chaque paragraphe. Nous avons également demandé à des personnes de chaque type de vérifier que le texte était cohérent par rapport à leur expérience de vie. De légères modifications ont été introduites. La traduction originale a donc été légèrement modifiée, certains mots étant plus évocateurs que d'autres pour les personnes d'un même type. Comme la première formation d'animateurs certifiés en France ne remonte qu'à juin 2000, nous n'avons pas encore poussé la validation de ce questionnaire aussi loin que nos amis américains. Néanmoins, en juin 2002, les tendances sont les mêmes que sur la version américaine. Si nous ne pouvons, à ce jour, nous engager sur une similitude exacte au niveau des pourcentages, nos études convergent vers un chiffre du même ordre. Par exemple, pour le paragraphe du perfectionniste, nous tendons vers les deux tiers, même si nous ne pouvons garantir

© DUNOD. La photocopie non autorisée est un délit.

que le chiffre exact soit 66 %. De plus, quand une personne ayant choisi ce paragraphe se rend compte que ce n'était pas le bon, son vrai type se retrouve dans le même ordre, à savoir, romantique, loyal-sceptique, altruiste, médiateur…

À L'ÉTRANGER

Depuis 1997, nos confrères européens membres de l'Association des Animateurs de la Tradition Orale de l'ennéagramme poursuivent les mêmes recherches dans leurs pays respectifs. Quel que soit l'état d'avancement de leurs travaux, les statistiques de David Daniels et de Virginia Price semblent se confirmer, indépendamment du pays ou de la culture.

ADRESSES UTILES

Les ressources citées ici sont toutes en cohérence avec la tradition orale développée par Helen Palmer. Enseigner et transmettre selon cette méthode signifie notamment :

1. Utiliser la technique des panels (hommes et femmes d'un même type témoignant ensemble).
2. Offrir à chaque participant la possibilité de parler en son nom, tel qu'il se perçoit.
3. Insister sur le principe de l'autodécouverte : laisser chacun libre de découvrir son type par lui-même, à son rythme.

Le livre que vous avez entre les mains est fondé sur ce principe de l'autodécouverte du type.

ORGANISATIONS INTERNATIONALES

International Enneagram Association
IEA Headquarters
1060 North Fourth Street
San Jose, CA 95112
Téléphone : 001 408 971 5905
Site Web : www. intl-enneagram-assn. org

Association des animateurs selon la tradition orale de l'ennéagramme
1442A Walnut Street, Suite 377
Berkeley, CA 94709

email : PalmrDanls@aol. com
Téléphone : 001 510 843 7621
Site Web : www. enneagramteachers. org
www. AuthenticEnneagram. com
www. Enneagram-site. com

EN FRANCE

Les organismes de formation en développement personnel offrent maintenant généralement tous une formation à l'ennéagramme.

Vous pouvez également vous référer au centre créé et dirigé par Eric Salmon. Il y reçoit régulièrement Helen Palmer et David Daniels.
Centre d'Études de l'Ennéagramme (CEE)
11, rue Jacques Dulud, 92200 Neuilly, France
Téléphone : 01 46 43 06 92
Site Web : www. enneagramme. net
email : contact@enneagramme. net

QUI SONT LES AUTEURS ET LES PRÉFACIERS ?

VIRGINIA PRICE

Docteur en psychologie, diplômée de l'université de Stanford (Californie), elle a abordé la psychologie sous plusieurs aspects : travail clinique, recherche, enseignement, écriture. Ses principaux domaines d'expertise sont la réduction du stress de la pathologie de type dite A[1] et l'ennéagramme.

Elle a conduit des travaux de recherche au Meyer Friedman Institute (San Francisco) et à l'US Army War College (l'équivalent de Saint-Cyr). Son livre *Le schéma de comportement du type A : un modèle de recherche et d'expérience* est considéré comme un ouvrage de référence. Reconnue comme une autorité en la matière, elle est fréquemment sollicitée pour animer des sessions de formation et des interventions cliniques sur le type A et la gestion du stress partout dans le monde : États-Unis, Europe, Asie du Sud-Est.

Parallèlement, elle pilote des sessions sur « Ennéagramme et Management » tant pour des cadres et dirigeants que pour des éducateurs et des enseignants. Sa contribution à cet ouvrage est essentielle. C'est, en effet, la première fois qu'un livre sur l'ennéagramme est rédigé par deux psychologues cliniciens, avec l'objectif et la capacité non seulement de partager leur

---

1. Le type A est la dernière née des pathologies contemporaines. Elle correspond au « travaillomane ». Datant de l'après-guerre, c'est le moins connu et le moins recensé des troubles psychologiques. Dans la typologie de l'ennéagramme, il correspond au type 3 (le battant).

savoir et leur expérience, mais également de rester accessibles au non-spécialiste.

DAVID DANIELS

David Daniels est docteur en médecine et psychologue. Il a exercé une activité clinique pendant plusieurs années et a été professeur au Département Psychiatrie et Sciences Comportementales à la Faculté de Médecine privée de l'université de Stanford. Il a coanimé avec le professeur Michael Ray le programme « Ennéagramme et Leadership » à l'École de Commerce de Stanford (MBA). Avec Helen Palmer, il a créé et développé la formation des animateurs de l'ennéagramme selon la tradition orale. Dans ce cadre, il a proposé, depuis 1988, de nombreux séminaires sur « L'ennéagramme dans votre Vie Professionnelle » en Amérique du nord, en Europe, au Brésil et en Australie.

HELEN PALMER

Figure incontestée de l'ennéagramme, professeur à la JFK University à Orinda, Californie, elle dirige depuis 1975, le « Center for Intuition Training », un centre de recherche et de développement sur l'intuition qui unit les données de la psychologie contemporaine et des exercices de méditation et de visualisation. Elle y a mené des travaux sur le développement de l'intuition qui l'ont rendue célèbre. Des représentants du FBI et la CIA sont venus participer à ses stages. Concernant l'ennéagramme, sa plus grande réussite a probablement été d'en structurer la connaissance et de le transmettre avec une méthode humaniste, non didactique. En 1988, elle a créé le *Enneagram Professional Training Pro*gram (authenticenneagram.com), une formation de formateurs qu'elle anime avec le Dr David Daniels. Elle anime des stages ennéagramme en utilisant la technique des panels. Ses livres ont tous été traduits en plus de vingt langues.

ÉRIC SALMON

Fondateur du Centre d'Études de l'Ennéagramme (CEE) à Neuilly sur Seine (92), il est le représentant français de l'enseignement de la tradition orale de l'ennéagramme. Diplômé par Helen Palmer et David Daniels de l'Enneagram Professional Training Program, il a publié *L'ABC de l'ennéagramme*, traduit en sept langues.

www. enneagramme. net
contact@enneagramme. net

Édition exclusivement réservée
aux adhérents du club
Le Grand Livre du Mois
15, rue des Sablons
75116 Paris

Achevé d'imprimer sur les presses de la
SNEL S.A.
rue Saint-Vincent 12 – B-4020 Liège
tél. 32(0)4 344 65 60 - fax 32(0)4 341 48 41
novembre 2003 – 30431

Dépôt légal : novembre 2003
Dépôt légal de la 1re édition : février 2003

Imprimé en Belgique